博物馆里的
中国历史
故事

从魏晋南北朝
到隋唐五代

朱万章　陆虎　主编

化学工业出版社

·北　京·

内容简介

文物是文明的结晶，是现代人与古代文明对话的有力媒介，是曾经鲜活飞扬的历史的承载者，是灿烂悠久的中华文化发展脉络的见证者。每一件文物都承载着人民创造的智慧和文化的印记，都记录着当时人们的价值取向和生活方式。

每一件文物都是一部浓缩的历史纪录片。我们穿行于文物中，去感知它们背后的历史故事，去领略中国历史发展的脉络。曹植陶耳杯、青瓷羊形烛台见证了三国纷争时期的历史，《职贡图》北宋摹本见证了南北朝时期的对外文化交流，《步辇图》、骑骆驼胡人俑、唐蕃会盟碑等见证了唐朝时期的民族交流，《智永千字文》、怀素《苦笋帖》见证了我国书法艺术发展的辉煌历史……

图书在版编目(CIP)数据

博物馆里的中国历史故事. 从魏晋南北朝到隋唐五代 /
朱万章，陆虎主编. 一北京：化学工业出版社，2021.8（2024.7重印）
ISBN 978-7-122-39246-6

Ⅰ.①博… Ⅱ.①朱…②陆… Ⅲ.①中国历史-魏晋南北朝时代-隋唐时代-儿童读物 Ⅳ.①K209

中国版本图书馆CIP数据核字（2021）第101801号

责任编辑：李彦芳
责任校对：边　涛
书籍设计：尹琳琳

出版发行：化学工业出版社
　　　　　（北京市东城区青年湖南街13号　邮政编码100011）
印　　装：北京宝隆世纪印刷有限公司
710mm×1000mm　1/16　印张7½　字数300千字
2024年7月北京　第1版第6次印刷

购书咨询：010-64518888
售后服务：010-64518899
网　　址：http://www.cip.com.cn
凡购买本书，如有缺损质量问题，本社销售中心负责调换。

定　　价：58.00元

亲爱的读者：

阅读愉快！

这套以博物馆文物为线索的历史通俗读物，共收录了100件典型文物。图书通过文物承载的历史背景、历史故事或历史事件，带领读者穿越各个历史朝代，领略当时人们的文雅风趣、丰功伟绩、生产技术以及日常生活方式等，在有趣的历史故事中掌握中国古代历史沿革的基本脉络。

我们可以通过文物来了解曾经飞扬的历史故事，这也是考古学的魅力。考古是一门综合学科，要解读文物储存的故事，需要多个学科的综合知识，如历史、哲学、政治、经济、军事、动植物学、人体解剖学、语言文字学、美学、艺术、工业技术学等。每一件文物的背后，都凝结了许多考古工作者的辛勤汗水和智慧。衷心希望和祝愿广大读者，能爱上历史，爱上阅读，从而发自内心地拥有民族文化自信心。

本丛书吸收融合了当代最新历史研究成果，许多专业研究人员提供的智力支持，为丛书增加了专业知识的深度、厚度与广度。本套书图片资料大部分来自于中国国家博物馆、故宫博物院等，少部分由刘静伟、赵静、曾娅提供，在此一并表示感谢。

本书由陆虎、梁涵锋、曹凯、贾亚宁、刘运杰、顾瑞、陈可儿、柳丽娟、孟令阳、余雄等编写，共收录了25件文物，这些国宝背后的故事，可以帮助我们大致理清从魏晋南北朝到隋唐五代的历史线索和基本脉络，感知这段历史时期的先人的智慧和发明创造。本书是陆虎主持的东莞市基础教育精品课题"初中历史体验式探究教学的研究与实践"（课题编号：jpkt17013）的部分研究成果。

我国的历史文物不胜枚举，本书仅选取已出土的典型文物为代表，且囿于编者视野，本书内容难免有疏漏和缺憾，恳请广大读者多提宝贵意见和建议。

顺颂

安好如意！

编者

2022年3月

25	24	23	22	21	20	19	18	17	16	15	14	13
品茶悟道明人生	舅舅外甥情意浓	写字最『潦草』的和尚	凄美薄命的杨贵妃	繁忙的丝绸之路	自信娇俏的唐朝美女	一代女皇武则天	唐僧西游攻略	文成公主入藏	开疆拓土的战马	小小铜钱大学问	盛唐舞马祝酒	僧人练成书法家
陆羽瓷像	唐蕃会盟碑	怀素《苦笋帖》	鎏金银香囊	骑骆驼胡人俑	永泰公主墓壁画	无字碑	《大唐西域记》	《步辇图》	昭陵六骏	开元通宝	舞马衔杯纹银壶	《智永千字文》
110	106	100	096	092	088	084	080	076	070	066	062	058

目录

01 才子的诗酒人生 曹植陶耳杯 002

02 吉祥温顺的代表 青瓷羊形烛台 008

03 中华第一帖 《平复帖》 012

04 竹林七贤的进与退 《高逸图》 016

05 南梁盛大的朝贡会 《职贡图》北宋摹本 020

06 了不起的阿史那公主 天元皇太后玺 026

07 南北朝的时装秀 贵妇出游画像砖 030

08 来自地下的星空 北魏星象图 034

09 传奇政治家冯太后 永固陵石券门 038

10 一统天下的见证者 虞弘墓石椁浮雕 044

11 穿越千年去踏青 展子虔《游春图》 050

12 鬼斧神工的建筑 赵州桥 054

曹植陶耳杯

青瓷羊形烛台

《平复帖》（局部）

《高逸图》（局部）

昭陵六骏（局部）

开元通宝

舞马衔杯纹银壶

《智永千字文》（局部）

《步辇图》（局部）

《大唐西域记》（局部）

《职贡图》北宋摹本（局部）

天元皇太后玺

贵妇出游画像砖（局部）

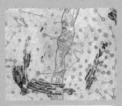

北魏星象图（局部）

赵州桥（局部）

展子虔《游春图》（局部）

虞弘墓石椁浮雕（局部）

永固陵石券门

无字碑（局部）

永泰公主墓壁画（局部）

骑骆驼胡人俑

鎏金银香囊

陆羽瓷像

唐蕃会盟碑

怀素《苦笋帖》（局部）

才子的诗酒人生

曹植陶耳杯

耳杯，是三国两晋南北朝时期最常见的酒具，一般为漆器、青瓷器，长圆形，两侧有把，即"耳"。陶质的耳杯是随葬品。1951年，在山东东阿曹植墓出土了一件长约11厘米的陶制耳杯，这是研究曹植生平乃至三国两晋南北朝文化的重要文物，通过它可以了解大才子曹植诗酒潇洒的一生，也可以窥见他失宠落寞的最后时光。

才华出众的曹植

曹植出生于东汉末年，生活在战乱纷争的三国时代。曹植是曹操的第三个儿子，他十几岁时就能诵读《诗经》《论语》，擅长写作。曹操看了他写的文章，怀疑地问："是不是别人替你写的？"曹植听了非常害怕，赶紧跪下回答："孩儿能够很容易地讲清楚一件事的道理，只要拿起笔就能写出好文章，如果父亲不相信我，可以当面考考我。我自己都会，为什么要请人代笔呢？"

曹操打败了对手袁绍，下令在都城邺城建造铜雀台，以彰显自己的功绩。建成后，曹操让几个儿子以铜雀台为主题写一篇文章。曹植落笔如飞，转眼写成《铜雀台赋》，曹操和其他大臣看后赞叹不已。

曹植陶耳杯

长约11厘米

曹植天性随和，他使用的车马、自身的装扮都不追求华丽，是个温和的"官二代"。每次拜见曹操，曹操故意用不好回答的问题问他，他都能应声对答，曹操对这个儿子寄予厚望。曹操带兵去攻打孙权，安排曹植留守邺城，告诫他说："我当顿丘令时，只有23岁，回想当时的所作所为，至今我也不后悔。你也23岁了，有什么理由不努力吗？"

曹植有出众的才华，平易近人的品性，有丁仪、杨修等谋士辅佐，声誉很好。曹操犹豫不决，想让他作为自己的继承人。可当时，继承人必须是正妻所生的大儿子，曹操的大儿子曹昂战死，二儿子曹丕理应成为继承人。曹植是三儿子，按理是不能成为继承人的。

曹植虽不能成为继承人，但他得到了曹操的宠爱，本来可以生活得很好，他却多次醉酒误事，最终影响了自己的前途。

喝酒误事的曹植

三国时期，饮酒之风盛行。很多文人雅士都喜欢边喝酒边写诗，人们把喝酒当成一种时尚。酒是用粮食酿造的，喝酒只能消遣，不能填饱肚子，这么多人把粮食拿去酿酒，士兵和百姓吃什么呢？为此，曹操颁布了"禁酒令"，不许大量饮酒，也不许酿酒。曹植好酒，但为了响应父亲的号召，也决定戒酒，并专门写了《酒赋》，批判饮酒酗酒的危害。但说起来容易做起来难，曹植不仅戒不了酒，而且多次醉酒。

公元217年，曹植醉酒后准备出城。古代的城门有很多，不同身份的人要选择不同的城门出入。曹植喝醉了，一时分不清东

西南北，从司马门出城并乘车在驰道上行驶。这可犯了大忌，只有最高统治者才能驾车出司马门，只有天子的车驾才能走驰道。曹操听说后大怒，把他严厉地训斥了一番，处死了曹植的马夫，自此对曹植的宠爱逐日减少。

公元219年，曹植的叔叔，魏国大将军曹仁被刘备的军队围困，需要大将率领军队去营救。大臣们都建议派曹丕去，因为曹丕是未来的继承人，要多磨炼，多立军功，而且曹丕有带兵经验。曹操却封曹植为南中郎将，下令让曹植带兵增援。曹植没有上阵带兵的经历。很显然，曹操想锻炼曹植，提高他在军中的威望。曹植受封后，很多官员前来道贺，其中一个最爱拍马屁、经常跟曹植喝酒的文姓官员对曹植发出邀请，表示已备好了珍藏的美酒，想为曹植送行，请务必赏脸。曹植一听说有好酒，仿佛已经闻到了酒香，当晚便来到这位官员家中，酒兴大发，拿起酒壶就往嘴里灌。就这样，二人边喝边唱，过了半夜，随从才将喝得醉醺醺的曹植扶回宫里。

第二天一大早，曹操就派人给曹植送来了自己征战时穿过的铠甲，希望儿子能够像自己一样英勇杀敌。当随从来到曹植的床边时，发现他还在酣睡，怎么叫都不醒，随从没办法，只得禀报曹操。曹操非常生气，亲自用一盆冷水泼醒了曹植。他看着曹植迷糊的样子很失望，下令免去曹植的封号。曹植因贪酒浪费了建立军功的大好机会。

经过几次考察，曹操觉得曹植只适合写写文章，作作诗。思来想去，曹操觉得曹丕才是最佳的继承人选，他决定为曹丕顺利继承王位扫清障碍，于是以各种借口铲除了曹植身边的谋臣，又降低了曹植的爵位。曹植彻底没希望成为继承人了。

命运坎坷的曹植

曹操死后，曹丕成为大汉丞相，继承了魏王的爵位，曹植的处境更加糟糕了。在争夺王位的过程中，曹丕对曹植有很深的怨恨，现在曹丕更加肆无忌惮地打压曹植。

一个风和日丽的日子，曹植按照惯例来拜见已经称帝的曹丕（公元220年曹丕废汉称帝）。曹丕让曹植以兄弟为题，在七步之内写一首诗，诗中不能出现"兄弟"二字，否则就要处死他。曹植藏起内心的悲伤，迈开第一步，闻着远处传来的煮豆味，他立即有了灵感，轻声吟诵起来："煮豆燃豆萁，豆在釜中泣。本是同根生，相煎何太急？"意思是人们在煮豆子时喜欢把豆茎当作燃料，豆子在锅里哭泣，豆子和豆茎本来是同条根上生长出来的，豆茎煎熬豆子，怎么能这么迫害自己的同根手足呢？曹植用这首诗比喻他和曹丕是同胞兄弟，可曹丕却想加害自己。曹丕听后感到惭愧，曹植才免于一死。

尽管曹丕没有杀曹植，但他对弟弟仍然不放心，下令将曹植调到远离国都的地方。此后，曹植的封地被一改再改，他过着颠沛流离的生活，经常借酒消愁。

有一次，曹植喝醉后，把曹丕派来的使者扣留在封地。使者代表的是帝王，扣留使者是杀头大罪。曹丕大怒，立刻派人去捉拿曹植问罪。曹植的母亲卞太后听说后赶来求情，曹丕也非常了解自己的弟弟，知道他醉酒后喜欢撒酒疯，便把他封到更偏远的地方。

曹丕死后，他的儿子曹睿即位。曹植成为曹睿唯一的叔叔，但曹睿对曹植更加刻薄，屡次更改曹植的封地，让曹植经常搬

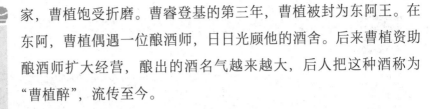

我的名字：曹植陶耳杯。

我的特征：耳杯，古代的名称是羽觞，是三国两晋南北朝时期最常见的酒具。

我在哪里：中国国家博物馆。

我能告诉你：1951年，在山东省鱼山西麓的荒烟蔓草间，考古人员发掘了曹植墓。让满心期待的考古工作者略感失望的是，尽管曹植贵为皇族，他的墓地却非常简陋：陪葬品多为陶器，几件玉器也不是稀世珍品，出土的陶耳杯是当时非常普通的酒器。

家，曹植饱受折磨。曹睿登基的第三年，曹植被封为东阿王。在东阿，曹植偶遇一位酿酒师，日日光顾他的酒舍。后来曹植资助酿酒师扩大经营，酿出的酒名气越来越大，后人把这种酒称为"曹植醉"，流传至今。

东阿在今山东省，这里土壤肥沃，风景优美。多病多难的曹植在东阿选了一块墓地，准备终老在这里，没想到很快又被改封为陈留王，他又要搬家了。

232年，曹植病死，年仅41岁。有人猜测，曹植的早逝与他长期酗酒有关。根据他的遗愿，人们将他葬在东阿墓地。后人在众多陪葬品中，发现了他喝酒用的陶耳杯。

一代才子曹植与酒结缘，半生沉沦的生活使他无法放下酒杯。醉酒时，是他遗忘这个世界的时刻，是他用生命的热情浇灌凄美诗篇的时刻。

02

青瓷羊形烛台

十二生肖中的羊象征着温顺善良、仁慈和睦，古人更是把丰年富庶、和气生财的吉祥寓意赋予这种可爱的小动物。中国国家博物馆陈列的一件青瓷羊形烛台是具有特色的文物之一，这件青瓷羊形烛台和南京有怎样的联系呢？

六朝古都——南京

六朝，指的是三国时期的吴国、东晋以及南朝宋（或称刘宋）、南朝齐（或称萧齐）、南朝梁、南朝陈。六朝是我国历史上最为动荡的一个政治时期，政权更迭频繁。

南京是一座具有两千多年历史的文化古城。三国时期，魏国的曹丕、蜀国的刘备先后当了皇帝，吴国的孙权当然也想当皇帝。孙权经过深思熟虑后，决定把都城从当时的武昌迁到建业，建业就是今天的江苏省南京市。孙权为什么把都城选在建业呢？古人认为，一个好的城市应该是三面环山、一面临水。南京正好印证了古人对风水宝地的要求：东边是钟山，绵长蜿蜒，犹如一条青龙；西边是清凉山，如一只白虎雄踞江边；南方有山脉层层叠叠，近处是鸡笼山，如燕雀起舞；北边的玄武湖如一面明镜，光艳照人。同时，南京有长江作为天然的防御屏障，易守难攻。孙权的敌人——魏国的曹丕几次率军攻打吴国，都没有成功，面对波澜壮阔的长江，只能望着江水，一声

青瓷羊形烛台
长30.5厘米
高25厘米

长叹。孙权把南京定为国家都城，之后的东晋和南朝的宋、齐、梁、陈都先后定都于此，所以今天南京有"六朝古都"之称，与北京、西安、洛阳、杭州、开封并称为中国历史上的"六大文化古都"。

孙权不喜欢建造新的宫殿，仍然住在太初宫，一住就是18年。但是太初宫实在太破旧了，大臣们都看不下去了。孙权接受了大臣们的意见，决定把太初宫翻新一下。孙权对大臣们说："大禹住的也是非常破旧的宫殿，现在国家每年都要打仗，用钱的地方很多，如果还要砍伐树木的话，肯定会耽误百姓种庄稼的时间。建材也不用新的，把以前在武昌住过的宫殿拆掉，重复使用。"所以，太初宫绝大部分的建筑材料用的是武昌宫拆下的旧料，沿长江顺流而下，运到建业。为了加强防御，孙权后来又修筑了一座石头城，让南京有"石城虎踞"之称。

温顺谦卑的羊文化

南京历史文化悠久，出土了很多文物，其中有一件很漂亮的瓷器被称为青瓷羊形烛台。这只羊跪卧在地上，四条腿卷曲，长得胖胖的，非常可爱；双角绕耳弯曲着，身上刻着圆点纹、卷曲纹，全身釉色光润晶莹，整体造型生动别致、妙趣横生。

这只可爱的小羊是六朝时期的一件陪葬品，1958年出土于南京清凉山的一座吴墓中。出土时是一对小羊，一只收藏于南京博物馆，一只收藏于中国国家博物馆。六朝时用陶瓷羊做陪葬品的现象非常多。这只小羊的额头上有一个孔眼，孔眼是用来插蜡烛照明用的，寓意带来光明与吉祥，陪伴人们驱走黑暗，

度过漫漫长夜。

古人为什么喜欢用羊来做器物的造型呢？这不仅是因为羊很可爱，更因为羊的品格。在我国的民间传说中，羊因为为人类偷盗五谷种子而被玉帝宰杀。

中国人还将羊看成礼貌、道德、孝顺的化身，跪伏的羊，更是温顺谦卑的象征。《春秋繁露》记载："羔饮之其母必跪，类知礼者。"小羊在母羊身边吃奶时总是跪着的，以此来表达对母亲养育之恩的感谢。跪卧的青瓷羊是古人传递伦理美德的载体。

在古代，"羊"与"阳"相通，人们把"三阳开泰"或"三羊交泰"作为新年开始的吉祥用语。古人在日常生活中非常喜欢用羊的造型。这些动物造型的瓷器，反映了古人与自然的和谐相处。羊的温顺谦卑得到了历代人的喜爱。

我的名字：青瓷羊形烛台。

我的特征：全身釉色匀净无瑕，光彩晶莹，造型优美，是青瓷珍品。

我在哪里：中国国家博物馆。

我能告诉你：有的专家认为"羊体中空，额头有圆孔，或许是盛放酒浆等的器皿"，即羊尊。它有可能是继承商周以来兽形尊的传统，作为一种盛酒的礼器，在重要祭祀场合使用。有的专家认为它们是"烛台"或"插器"。

03

中华第一帖

《平复帖》

陆机的《平复帖》诞生于晋代，是中国现存最古老的书法真迹，被尊为"中华第一帖"。帖的内容是他写给朋友的信，信中谈到另一位友人的病情，有"恐难平复"之句，所以被后人尊为《平复帖》。古代书法的草书包括章草和今草两种，《平复帖》介于章草与今草之间，是两者过渡时期的典范之作。魏晋时期书法艺术得到了高度发展，奠定了中国书法艺术的发展方向。

书法艺术的黄金时代——晋代

中国的书法艺术源远流长，书法作品数不胜数。在书法艺术作品中，我们可以感受到汉字的魅力。晋代陆机的书法作品《平复帖》，被书法界誉为"墨皇"，是目前能看到的最早的真实可信的书法作品。

晋代书法家们执着地追求书法的更高水平。

有人用"韵胜度高"四个字来评价晋代书法水平之高，指的是晋代书法像一个有气质的人一样，不仅外表好看，而且气质高雅。晋代书法除了体现出作者的性格、为人、情感外，还体现了这个时代的民族精神、智慧、品格与气节。

晋人信奉的主要思想是玄学。玄学把佛教、道教和儒家思想糅合到一起，崇尚自然，喜欢田野乡村、名山大川等自然美景，认为自然的东西就是最好的、最美的。他们追求与自然融为一

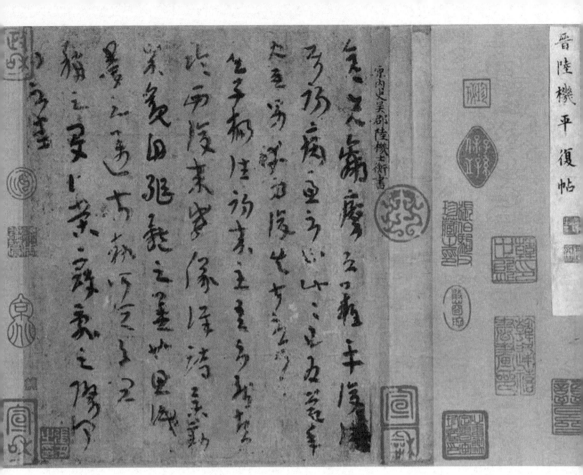

《平复帖》（局部）
纵23.7厘米
横20.6厘米

体，做最真的自己，释放自己的个性，自由自在。

他们"志在山林而轻轩冕"，宁愿游山乐水，也不愿去朝廷当官。他们把自己完全融入大自然中，这种生活直接或间接地给书法艺术以启迪。晋代书法"韵胜度高"的境界正是这样的人文价值观培育出来的。

王羲之喜欢鹅，陆机喜欢鹤，他们从鹅和鹤的身上体会自然、律动的美，进而寻找艺术灵感。王羲之退隐后定居于会稽（今浙江绍兴），寄情于山水之间。他对鹅很痴迷，他听说会稽住着一个老婆婆，养了一只非常神奇的鹅，叫声十分悦耳。王羲之赶紧找人去买，却没买到。王羲之只好叫上几个朋友，驾车亲自去买。老婆婆一看来了这么多贵客，赶忙热情接待。等到午饭时，老婆婆留王羲之吃饭，她乐呵呵地端出一大盆菜，盆里竟然是他梦寐以求的鹅。王羲之看到后，眼泪差点掉下来。陆机喜欢听仙鹤的叫声，养了一群仙鹤。每次与朋友喝酒作诗兴致甚好时，陆机就放飞仙鹤。他还学仙鹤叫，长鸣不已，模仿仙鹤的步伐翩翩起舞。正是这种痴迷的研究，才能让他们的书法艺术水平不断精进。

历史上不少书法名作都是偶然写就的。在无意之间，作者更能挥洒自如，这就是所谓的"佳作天成"。陆机的《平复帖》是用秃笔书写的，笔法质朴有力，笔画盘丝屈铁，结体茂密自然，有极高的艺术价值。后人赞其"秃笔蘸墨，抒发痛楚之情，其用墨确实是神乎其技，冠绝古今"。《平复帖》在中国书法的演变过程中有重要的地位。

我国字体的演变，大约经过甲骨文、金文、大篆、小篆、隶书、章书、楷书、行书几个阶段，其中草书又包括章草和今草两种。《平复帖》介于章草与今草之间，是两者过渡时期的典范之作。章草到今草的转变，经历了一个长期过程，但唯有陆机的这篇墨迹有幸流传至今，成为这一转变的重要物证。

张伯驹舍命收藏《平复帖》

大约在1934年，张伯驹在湖北的赈灾书画展上第一次看到《平复帖》。《平复帖》的主人是溥儒，他是道光皇帝的曾孙、恭亲王的孙子，藏有很多名书名画。1936年，身在上海的张伯驹收到朋友的信，说溥儒所藏唐代名画《照夜白图》被古董商买

去，准备卖往国外。张伯驹担心《平复帖》重蹈覆辙，急忙托朋友到溥儒家商量，希望不要让该帖流出国境，并表示自己愿意出价收藏。但溥儒表示，购买此帖需 20 万大洋，而当时张伯驹根本拿不出 20 万大洋，只好暂时放弃。

1937 年，张伯驹又托溥儒的画坛挚友张大千传话，表示愿意以 6 万大洋收藏《平复帖》，但溥儒仍执意要 20 万大洋。这年春节前，溥儒母亲去世，葬礼需大笔钱。幸运的是，张伯驹此时正在北京，经傅增湘先生从中斡旋，双方商定 4 万大洋。此时，瞩目《平复帖》的绝不只张伯驹一人，有个白姓书画商欲将此帖转卖给日本人，出价 20 万大洋。不少晚清遗老致信溥儒，劝说他不要将《平复帖》转让，他们建议丧事从简，或者只是将《平复帖》抵押。溥儒对《照夜白图》流落国外也常怀歉疚，他回绝了出高价的画商，决意转让给张伯驹。

《平复帖》终于到了张伯驹手中。张伯驹特别高兴，他写道："在昔欲阻《照夜白图》出国而未能，此则终了夙愿，亦吾生之一大事。"在那个动荡的年代，拥有《平复帖》并不是一件轻松的事，要防止被抢、被盗、被骗。拥有《平复帖》后，张伯驹"蛰居四年，深居简出，保护此帖……经过多少跋涉、离乱，我都如性命一样地宝藏此帖"。但四年后，张伯驹遭人绑架，绑匪勒索 300 万大洋。张伯驹宁死不卖古字画，历经八个月的磨难，才脱离绑匪、重获自由。他很快将古字画悄悄运送到西安，以确保字画的安全。

04

竹林七贤的进与退

《高逸图》

《高逸图》表现的是魏晋时期"竹林七贤"的故事。现存画卷残缺，只剩下山涛、王戎、刘伶、阮籍。他们在竹林之下喝酒纵歌，放荡不羁，呈现出对礼教的不屑，表达了对当时政府的不满、对统治者的无声控诉。《高逸图》1922 年被带出紫禁城，1955 年被上海市政府购买，现收藏于上海博物馆。

魏晋是怎样的时代

  《高逸图》的作者孙位是唐代末年的画家，这一时期的中国人物画极度繁盛，但可以确定的卷轴画作品流传并不多。《高逸图》自北宋以来就一直被皇室和名家收藏，极为珍贵。从图卷中现存款印来看，最早的收藏者是北宋著名的皇族收藏家李玮，卷首有"瘦金书"题"孙位高逸图"五字，专家认为这是宋徽宗赵佶手书。《高逸图》通过娴熟高超的技术，出色地刻画了魏晋士大夫的精神气质。

  在魏晋南北朝将近四百年的时间里，天下四分五裂，动荡不安，百姓流离失所，食不果腹。三国时期，虽有战争，但相对来讲，社会稳定，生产尚能持续发展，老百姓得到了一定的修养调整。

  但是，在曹操、刘备、孙权以及那些辅佐他们的贤士名将先后去世后，继位者无法像他们的父辈一样出色地治理国家，社会再次陷入黑暗和动乱之中。

司马炎是司马昭的儿子，司马懿的孙子。司马懿是追随曹操的重要官员。曹操死后，他的儿子曹丕继位。220年，曹丕称帝。曹丕病重时，选了四个辅政大臣，司马懿便是其中之一。这些辅政大臣的势力从此如日中天，司马家族的影响力逐渐提高。曹丕的儿子魏明帝只当了十几年皇帝就病死了，继位的是刚满8岁的曹芳。司马家族的势力权倾朝野，可谓一手遮天，司马懿及他的儿子司马师、司马昭等人的野心一天天膨胀。

司马昭杀掉了不甘心受他控制的皇帝曹髦（máo）。曹髦曾说过："司马昭之心，路人皆知"，说的就是司马昭想要控制魏国的野心，连普通老百姓都看得清清楚楚。虽然名义上魏国是曹家的，但其实已经被司马家掌控。265年，司马炎废掉魏国国君曹奂并称帝，设国号为晋，司马炎就是晋武帝。

《高逸图》中的贤人

司马家族的行为引起了很多人士的不满，社会上民怨沸腾。一般人都是敢怒不敢言，唯有嵇康正义勇敢，因为不与司马昭合作而被杀。

嵇康是"竹林七贤"之一，但在这卷残画中已看不到他的身影。他跟曹家有婚姻关系，娶了曹操的孙子曹林的女儿，加上本身鄙视司马家族的阴狠毒辣，所以不愿在西晋为官。嵇康的朋友山涛（字巨源），也是"竹林七贤"之一，两人关系很好。山涛升迁后，想荐举嵇康去出任自己原来的职务。嵇康听到这个消

《高逸图》（局部）

纵45.2厘米

横168.7厘米

息后就给山涛写了一封信，叫《与山巨源绝交书》。信里拒绝了山涛的推荐，说每个人都有自己的个性爱好，自己个性散漫不喜欢受约束。他不愿意配合司马氏，因此得罪了权贵，招致杀身之祸。嵇康强调放任自然，既是对世俗礼法的蔑视，也是他崇尚老子、庄子无为思想的一种反映。

刘伶是著名的酒鬼，他长得很丑。他的人生哲学是：世间万物、一切得失都是相对的，贫富、生死都差不多，所以没有任何事情值得他去努力和关心，除了酒。

刘伶靠着家中田产过日子，没有任何追求。他喜欢乘着鹿车，带上一壶酒，潇潇洒洒地到处游荡。他每次出去玩，后面都跟着他的小童。刘伶让小童扛着锄头，他说："我要是死在哪里，你就把我埋在那里，什么时候都无所谓。"他好像对生命毫不在乎。

"竹林七贤"真的像他们表现得那样疯疯癫癫，对什么都漠不关心吗？其实，他们只是故意做这些看上去不正经的事，通过不屑于礼教的姿态来嘲讽当时混乱的社会，来表达对当时政府的不满。

他们自由自在、随性而为地生活。他们的清高，他们的不问国家政事，他们的放荡不羁，都是魏晋时代的独特风景。"竹林七贤"被后人尊为真正的名人雅士，在中国文化史上的影响非常大。

05

南梁盛大的朝贡会

《职贡图》北宋摹本

《职贡图》北宋摹本描绘了各国使节的人物形象与风土人情，在每一位使者身后都有楷书书写的简短题记，疏注国名及山川道路、风土人情，记述该国与梁朝的关系以及历次的朝贡情况。它再现了诸国使者来朝的浩荡队列，展现了梁朝强大的政治外交实力，也体现了中国南朝绘画艺术的水平。

南梁的强盛

职贡，指古代的番邦或者外国向朝廷进献贡品，以表示忠诚和感谢。《职贡图》的作者萧绎所处的时代，是我国历史上南朝和北朝长期对峙的时期。南朝先后经历了宋、齐、梁、陈四个政权。萧绎的父亲，也就是梁武帝萧衍，在乱世中灭了齐政权，建立了梁国。经过30年的励精图治，梁武帝终于将梁国推向繁荣。

日本考古学家吉田怜热情地歌颂道："从文化上说，6世纪的南朝宛如君临东亚世界的太阳，围绕着它的北朝、高句丽（Gāo gōu lí）、百济、新罗、日本等周围各国，都不过是大大小小的行星，像接受阳光似的，吸取从南朝放射出来的卓越的文化。"

南梁的繁荣让许多国家敬仰，纷纷派人前来朝贡。根据文献记载，向梁朝进贡的国家多达29个。《职贡图》记录了当时的盛况。

那么，《职贡图》仅仅是萧绎献给他父亲的一份礼物吗？与此时在南方的萧梁政权同时存在的，还有北方的少数民族政权。这两派统治者不仅争夺地盘，而且要争取老百姓的民心和周边国家对他们统治的认同。周边数十国的统治者纷纷向南方的梁朝朝贡，这是一个难得的证明南方梁朝实力的机会。萧绎及时地抓住机会宣传，向世界展现梁朝的政治和外交实力，为梁武帝的统治歌功颂德。

554年，西魏军攻破江陵，梁元帝萧绎被俘，次年被害。在被俘之前，萧绎把宫廷收藏的名画和各种书籍约24万册全部烧毁。西魏士兵从灰烬中救出约四千轴残卷，其中就有这幅仅剩12个国家使臣的《职贡图》。现存于中国国家博物馆的《职贡图》不是原件，而是宋代画家的摹本。

《职贡图》不仅体现了古人看外邦的角度，其背后更是蕴含着深刻的政治内涵。后来的统治者，包括唐宋元明清的很多皇帝，也纷纷用画职贡图的方式，向世人展现国家的强盛、统治的英明。

《职贡图》中的使者

《职贡图》描绘了35个使者的肖像，但宋代画家的摹本留下来的只有残余的18段文字和12幅图像。

使者们都是面向右边，侧着身子站立。每位使者的身后，都有关于使者简短的文字介绍，大意包括：这位使者来自哪个

《职贡图》北宋摹本
纵25厘米
横198厘米

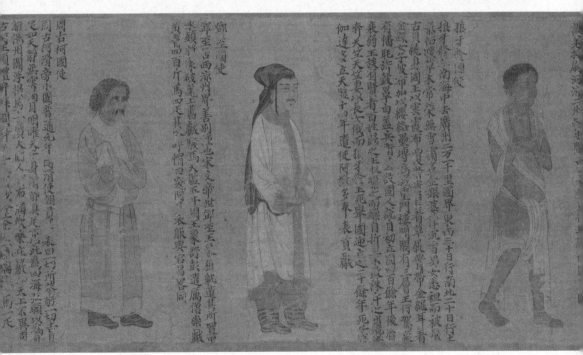

南梁盛大的朝贡会——《职贡图》北宋摹本

国家，当地的山川道路、风土人情，该国与梁朝的关系，以前都进献过哪些贡品等。

派遣使者的国家，从右到左依次是滑国、波斯、百济、龟兹、倭国、狼牙修、邓至、周古柯、呵跋檀、胡蜜丹、白题和末国。

当你看到这些国名时会忍不住疑惑，大多数都没有听说过。其实，隋朝、唐朝的很多人也没有听说过这些国家的名字。有的国家太弱小而被实力更加强大的国家吞并了，有的国家改了国名。百济，在今天的朝鲜半岛上。倭国，在唐朝时已改名为日本。波斯是今天的伊朗。

认真观察《职贡图》中的使者，就会发现这12位使者的肤色、服饰都不一样。

滑国使者穿着翻领长袍，脚上穿着鹿皮长靴，双手交叉，藏在袖子里，体现了西北人的淳朴。倭国使者披着简单的外衣，下身穿着裙裤，光着脚，合掌，表现恭敬，带着岛国人的轻快精明。狼牙修使者肤色黝黑，厚厚的嘴唇向外翻着，身上简单地挂着一条布，看着他的装扮，我们就能联想到沿海地区该有多热了。

这些使者虽然服饰、肤色不一样，但是从他们风尘仆仆的脸上，我们又能看到他们来南朝朝贡时恭敬而又欣喜的表情。

透过《职贡图》残缺的画卷，我们可以想象，在一场盛大的外交仪式上，来自数十个不同地域的外国使臣，带着对南梁文化的憧憬，来到了都城建康。他们向皇帝梁武帝俯首称臣，在朝堂上极力赞美南梁的政治成就，并把贡品——珍宝、舞蹈、音乐、服饰等进献给皇帝，也把我们的书籍、画卷、典章制度、礼仪带回他们的国家。不同国家、民族之间的文化在碰撞和交流中更具活力。

长期以来，中华民族在与周边民族的交往交融中，不断地发展壮大。中华民族就像大海，来自不同地区、不同民族的人们就像河流，大大小小的河流，从不同的方向汇入大海，在持续的交融、碰撞中，中华民族的生命力不断强大。

06

了不起的阿史那公主

天元皇太后玺

秦始皇规定只有皇家之印才可以叫作玺，皇家之印也就是皇帝、皇后、皇太后、太皇太后等人的印。天元皇太后玺的主人是天元皇太后，姓阿史那，是突厥人。她是突厥木杆可汗阿史那俟斤的女儿，嫁给北周皇帝宇文邕（yōng）并成为皇后。该玺纽为獬豸造型，赞扬天元皇太后的聪明能干。

北周的历史

三国两晋南北朝时期，很多统治者为了抢地盘经常发生战争。草原上放牧的北方少数民族纷纷南下，来到黄河流域一带，北周就是其中之一。北周由鲜卑族建立，建国皇帝姓宇文，宇文邕是北周的第三任皇帝。在北方，与北周针锋相对的是北齐。

北周和北齐都想打败对方，所以竭力拉拢领土广阔的突厥汗国。北周和北齐的皇帝都派出使者向突厥可汗求娶突厥公主。

当时的突厥可汗叫木杆可汗，一开始他答应把女儿嫁给北周的统治者宇文泰（宇文邕的父亲），跟北周联合起来攻打北齐。可是木杆可汗中途反悔了，他继续观望两国实力，一定要把女儿嫁对。

宇文邕当上北周的皇帝后，想要得到突厥的帮助，把北齐灭掉。他多次派使者去突厥，非常有诚意，木杆可汗这才答应将女儿阿史那氏嫁给宇文邕。宇文邕赶紧派大臣到木杆可汗的王庭御帐，迎接阿史那氏。

天元皇太后玺
边长 4.5 厘米
通高 4.7 厘米
重 802.56 克

木杆可汗依旧犹豫不决，不是十分信任北周，他又悄悄地答应把女儿嫁给北齐，总是敷衍北周的使者，迟迟不把女儿交给他们。有一天，突然间风雨大作，摧毁了突厥的篷帐，风雨持续十多天都停不下来。木杆可汗被吓倒了，心想："这难道是上天降下的惩罚？看来天意让我把女儿嫁给北周。"木杆可汗于是准备好嫁妆，把阿史那氏交给北周的使者，让她和宇文邕完婚。宇文纯等人护送阿史那氏到北周时，距离使者们出发迎亲已经三年。568年，阿史那氏到了长安，宇文邕亲自出宫迎接，并把她封为武德皇后。史书上说阿史那氏容貌美丽，举止有度，宇文邕对她十分敬爱。

阿史那氏和宇文邕在一起生活了九年，但是没有孩子。宇文邕死后，宇文赟（yūn）当上皇帝，但他只顾吃喝玩乐，不到一年便干脆把皇位传给大儿子宇文阐，自己当起了太上皇，自称天元皇帝，阿史那氏就被称为天元皇太后。这枚天元皇太后玺就是在这期间制作的。

宇文阐登基时才7岁，北周的大权落到了随国公杨坚手中。公元581年，宇文阐被迫把皇位让给杨坚。杨坚建立隋朝，北周灭亡。第二年，32岁的阿史那氏去世。隋文帝杨坚下诏把她和宇文邕合葬，这枚天元皇太后玺金印也一同随葬。

印章上的独角兽

《汉书》记载皇帝和皇后的玺纽一般用螭虎造型。螭虎是古代传说中的一种动物，与龙很像。为什么要用獬豸造型作为天元皇太后玺的玺纽呢？

獬豸是中国古代神话传说中的神兽，大的像牛，小的像羊，喜欢居住在水边，与神兽麒麟有些相似，全身长着浓密黝黑的毛，双目明亮有神，额上通常长一角，俗称独角兽。

獬豸拥有很高的智慧，懂人话，能看透人性。传说，獬豸见到有人起纷争，便会用它的独角顶向理亏的一方，推至其跌倒；如果参与纷争者是奸诈小人，它会毫不留情地把他抵死；如果见到贪官污吏，它会冲上去，用角抵倒，然后几口吃掉。

相传，春秋战国时期，楚文王曾得到一头獬豸，按照它的样子做成帽子戴在头上，引得官员和百姓效仿。这样的帽子被称为獬豸冠，成为楚国时尚。

獬豸是公正的象征，是驱害辟邪的吉祥物。天元皇太后玺不用螭虎纽而用獬豸纽，是赞扬她聪明能干，能明辨是非。北周和突厥本来也有矛盾，宇文邕刚当皇帝时，经常与突厥发生小冲突，免不了兵戎相见。自从阿史那氏嫁到北周当了皇后，每当北周和突厥发生冲突时，她就出面调解。皇后的明辨是非，使双方能够化解矛盾、握手言和，所以她十分令人佩服和尊敬。宇文邕死后，周宣帝宇文赟虽然不是阿史那氏的亲儿子，但很尊敬她，称她为天元皇太后，并用獬豸造型为纽制作了这枚金玺，以赞扬她可化干戈为玉帛的卓越才能。

07

南北朝的时装秀

贵妇出游画像砖

南北朝时期，四位年轻女子在阳光明媚的春天来到郊外游玩，她们时尚飘逸的着装，仿佛在进行一场别开生面的时装秀，这一场景被古人刻画在一块砖上。这一场"时装秀"的背后又有怎样的历史呢？

混乱的南北朝

司马炎建立西晋后，统一了中国。司马炎死后，西晋的第二任皇帝平庸无能，导致统治集团内部因争权夺利而爆发了"八王之乱"，西晋很快走向衰落。

这一时期，中原王朝为了分化瓦解北方少数民族的力量，达到补充兵源和劳动力的目的，对周边少数民族进行招抚，甚至强迫他们向黄河流域迁徙。内迁的少数民族主要有匈奴、鲜卑、羯、氐、羌，历史上合称"五胡"。这些少数民族来到汉族人居住的黄河流域后，长期被统治者们欺压，导致少数民族与汉族的矛盾激化。

西晋统治因"八王之乱"而衰落，同时，匈奴等少数民族乘势崛起，他们自己组织了军队，建立了政权。北方（主要是黄河流域地区）先后出现了十几个少数民族政权。他们相互攻击、杀伐，导致北方地区长期处于动荡和战乱中，史称十六国时期。之后，鲜卑族建立的北魏统一了黄河流域。再后来，北魏分裂成东魏和西魏，后又分别被北齐、北周取代。

从西晋灭亡后的十六国到后来的北齐、北周，这一时期合称为北朝。

同一时期的南方地区政局如何呢？西晋灭亡后，西晋皇室的残余势力逃到南方，在长江以南建立了东晋，存在了一百多年。后来，一个叫刘裕的武将夺取了东晋政权，他废东晋自立，建立了宋，史称刘宋。南朝贵妇出游画像砖描绘的场景就发生在刘宋王朝时期。刘宋政权存在了59年，后来被齐取代。齐存在了23年，被梁取代。梁存在了56年，被陈取代。东晋灭亡后，江南地区相继经历了宋、齐、梁、陈四代。

宋、齐、梁、陈四代，合称为南朝。北朝与南朝南北对峙，合称为南北朝。

在不到300年的时间里，我国北方的黄河流域地区和南方的长江流域地区出现了极为频繁的政权更迭，社会处于长期的动荡和战乱中。这种混乱的局势，使得统治者没有更多的精力来维系儒家思想对普通民众思想的控制，封建礼教对人的约束逐渐减少，人们敢于大胆地追求自由的生活，敢于大胆地与封建礼教进行抗争，挣脱秦汉时代礼教对人身的束缚。

民族文化的交融汇合

南朝贵妇出游画像砖描绘了四位年轻女子身着时装到郊外春游的场景。南北朝时期，春季出游是一种普遍的社会风俗。三月三日是热闹的上巳节，无论是王公贵族，还是普通百姓，都会在上巳节穿戴一新，成群结队地到郊外水边春游，以祛除

贵妇出游画像砖
长38厘米
宽19厘米
厚6.3厘米

不祥。

　　画中女性衣服风格基本相同，上身穿两裆衫，下穿长裙，足登高履。走在前面的是两位贵妇，其中一人手持一柄圆形扇子。她们身姿挺拔，双环髻高耸，脸庞清秀，衣带飘飘，似乎一边行走，一边享受郊外的微风。两名侍女发鬟低垂，面庞比两位贵妇稍显圆润。一位侍女放在腰间的双手被衣袖挡住；另外一名侍女拿着一张席子，以供贵妇休息时用。

　　两裆衫是当时汉族妇女的流行款，既可以保持前胸后背的温暖，又能让手臂活动自如。长袖让人物形象显得更加飘逸、俊美。

　　南北朝时期，战乱频繁，社会动荡。正因为这样，在日常

国宝小档案

我的名字: 贵妇出游画像砖。

我的特征: 画像砖为青灰陶质,长方体形。四位女子的造型飘逸生动,反映了南朝达官显贵崇尚奢华的风气。

我在哪里: 中国国家博物馆。

我能告诉你: 它以贵妇出游为主题,造型简洁生动,线条流畅,画面人物刻画传神,主次分明,将贵妇盛装出游的情景表现得淋漓尽致,是我国古代画像砖之瑰宝,是研究南北朝时期绘画艺术的珍贵实物资料。

生活中,人们开始追求自由的思想和自我的生活方式,会大胆地穿上自己喜欢的漂亮衣服。从上层贵妇到平民女子,她们都争先恐后地用服饰来美化自己,展现自己。贵妇出游画像砖描绘的场景,体现了人们虽然身在乱世,但依然敢于追求自由生活、追求美的思想。四位女子的造型飘逸、俊美,彰显了人的个性。

南北朝时期,很多西北地区和东北地区的少数民族迁徙到黄河流域,出现了汉族文化与少数民族文化相互交融的局面。少数民族的服饰文化被汉族人接纳,很多汉族人喜欢穿一些带有少数民族元素的衣服,画像砖中四名女子的两裆衫就体现了这一特点。

南北朝时期的民族交融,不仅给汉族注入新鲜血液,使之不断发展壮大,而且使汉族汲取了其他民族的文化精华,丰富了汉族的物质文化和精神文化。汉族与少数民族之间各种文化的交汇融合双向传播,贯穿于整个中华民族的发展史。

汉族的物质文化和精神文化对少数民族的发展起着重要的作用。汉族的政治、经济、文化等社会生活的发展和进步,也含有少数民族各种文化的积极参与。正是对少数民族文化精华的兼收并蓄,汉族数千年的文明史才更加瞩目。

08

来自地下的星空

北魏星象图

北魏星象图非常珍贵，整幅图直径约7米，用朱色绘出300余颗星星，并用符号区分了恒星大小，用直线连接诸星，以表示中国星官。这幅星象图规模之大、星座之多、标位之准，领先于同时期的世界水平，代表着当时中国天文学的最高成就。

古墓中的珍宝

古人通过观察日月星辰的变化，制定出历法，用来指导农业生产与生活，其中，二十四节气是我国历法的精华。

古人在观察日月星辰时会记录观察结果，其中，观察星象后绘制出的图叫作星象图。中国国家博物馆收藏着一幅十分珍贵的星象图。这幅星象图原本是一幅壁画，是1974年考古工作者在洛阳北魏权臣元乂（yì）墓中发现的。元乂的墓室就像一座小宫殿，长宽都大于7米，高9.5米，在墓室顶上画有一幅星象图。盗墓贼在考古学者到来之前，把古墓中可以带走的东西洗劫一空，只有无价的星象图安安静静地待在墓顶上。也许是因为壁画画得太高，所以能够比较完好地保存下来。

北魏星象图
高约20米
直径7米

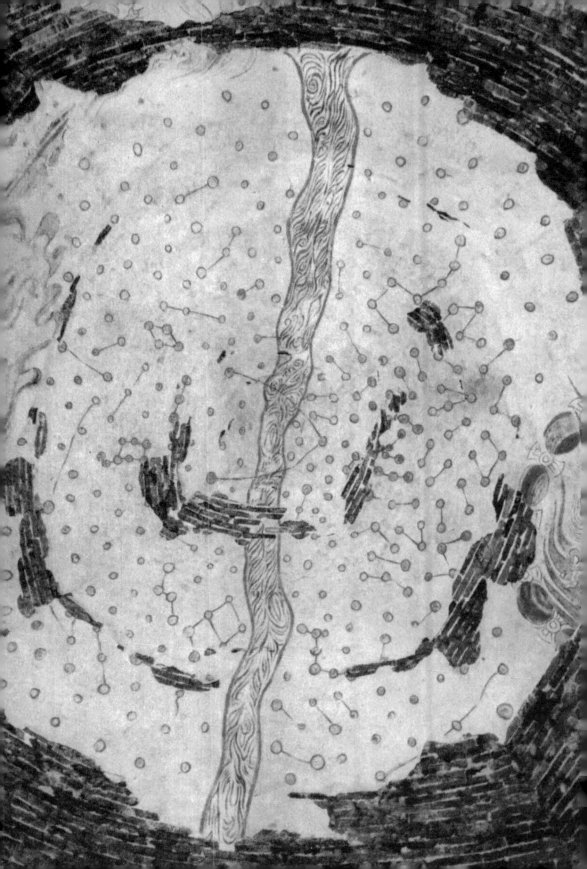

在这幅星象图里，用红色画出300多个大小不一的圆点，表示恒星，恒星是自身能够发光的天体，如太阳。在星象图正中有一条浅蓝色的、贯穿南北的带状区域，是银河。星与星之间用直线连接着，代表着星宿。星宿是古代天文学术语，是由一颗或多颗恒星组成，来表达一定意义的星星组合。这幅星象图将星空描绘得形象逼真，很容易从中识别出常见的恒星及星座。

许多天文学家经过考证后一致认为，这幅星象图显示的是正月晚上或者七月凌晨前的星空。

千年前的政变

孝文帝为了加强对北方的统治，进行了一次很成功的改革，史称北魏孝文帝改革。孝文帝要求鲜卑族在各个方面向汉族学习，比如包括皇帝在内的皇族的姓氏全部改为元。通过这次改革，原本落后的北魏在政治、经济、文化上都得到了巨大的发展。516年，6岁的孝明帝即位，他的辅政大臣是叔叔元怿，但胡太后掌握着实权。元怿对年幼的皇帝忠心耿耿，对国事任劳任怨，胡太后对他很放心，很多政事都交给皇叔元怿来处理。在他的治理下，国家安定，经济繁荣，百姓安居乐业。

胡太后有一个妹妹，嫁给了同为皇族的元乂。元乂为人机灵，会哄太后开心，很快就得到了胡太后的恩宠，不断加官晋爵，成为北魏实际上的最高军事指挥官，掌握着北魏皇宫内外的军政大权。元乂骄奢淫逸，拉帮结派，贪赃枉法，他触犯法律被

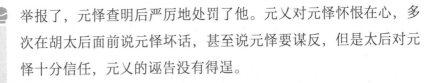

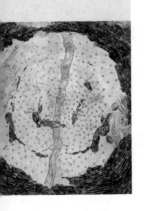
举报了，元怿查明后严厉地处罚了他。元义对元怿怀恨在心，多次在胡太后面前说元怿坏话，甚至说元怿要谋反，但是太后对元怿十分信任，元义的诬告没有得逞。

后来，元义勾结了太后身边的太监刘腾，他们先是收买了小皇帝身边的太监，诱骗小皇帝说辅政大臣元怿要在他的饭菜里下毒谋害他。孝明帝勃然大怒，在上朝的时候逮捕了元怿，并立刻处死他。

害死元怿后，元义、刘腾又冒充胡太后拟了一份诏书，说她身体有病，要还政给孝明帝。事实上，刘腾将胡太后幽禁在后宫。元义和刘腾控制了皇帝，把持了朝政。这两个人狼狈为奸，沆瀣一气，把持朝政后更加胡作非为，天下一片混乱。

四年后，刘腾死去，元义失去了得力助手，也逐渐放松了对太后及皇帝的监控。胡太后乘机联合皇帝和大臣们从元义手中夺回政权，并将元义和他的爪牙判处死刑。但胡太后念他是皇亲国戚，不仅追赠他许多官职，还赏赐许多财物给他的儿子，并把他厚葬在邙山上（今河南省洛阳市内）。

09

传奇政治家冯太后

永固陵石券门

在封建社会，陵墓是身份的象征，陵墓的豪华程度能反映墓主人生前的地位高低。永固陵是我国南北朝时期北魏王朝冯太后的陵墓，历时8年建造而成，是北魏帝后陵墓中规模最大的，石券门是陵墓中石雕艺术的精品。

有勇有谋的女强人

她11岁被皇帝选中做了贵人（等级较低的妃子），14岁被立为皇后。24岁被尊为皇太后，因为政局动荡，她第一次站出来主持朝政，诛杀了威胁皇帝权力的权臣。35岁被尊为太皇太后，因为新皇帝年幼，她第二次站出来主持朝政，掌握国家最高权力14年。她是推进国家一系列改革的实际主持者，为国家的发展做出了重大贡献，是我国历史上一位杰出的女政治家。

她就是我国南北朝时期的北魏王朝的冯太后。

北魏（386—534年）是一个由鲜卑族拓跋部建立的少数民族政权，曾一度统治黄河流域。冯太后是北魏文成帝拓跋濬（452—465年在位）的皇后，献文帝拓跋弘（465—471年在位）的嫡母（抚养拓跋弘长大的非亲生母亲），孝文帝拓跋宏（471—499年在位）的祖母。

冯太后是长乐信都（今河北衡水冀州区）人，出身于汉族官

永固陵石券门

门楣（2段）总长224厘米
宽50厘米

僚家庭。她的两次临朝听政，充分体现了她卓越的政治才能。

第一次临朝，她诛杀了试图叛乱的权臣，巩固了北魏的统治。文成帝死后第二天，年仅12岁的皇太子拓跋弘继位，是为献文帝，冯太后被尊为皇太后。献文帝年幼，朝廷大权落入侍中、太原王、车骑大将军乙浑手中。乙浑盗用献文帝诏令，杀害反对自己的文武大臣，在43天内给自己连升三级，位居丞相。乙浑的独断专行，使朝政混乱不堪，朝中大臣人人畏惧。乙浑还意图篡夺皇位，北魏皇权面临严重危机。

在北魏政权岌岌可危时，冯太后力挽狂澜，秘密设计了抓捕乙浑的计策，命令侍中拓跋丕统兵抓捕了乙浑，并立即处死。平定乙浑之乱，稳定政治局势，冯太后表现出了果敢善断的政治才干。接着，她宣布由自己临朝称制，掌控朝政大权。她凭借多年的阅历和非凡的胆识，稳定了北魏动荡的政局。

大胆改革的政治家

冯太后第二次主持朝政时，对落后的北魏进行了卓有成效的改革，促进了鲜卑族的进步。鲜卑族拓跋部，原本是一个文明程度低、经济落后的部族，处于原始社会末期。鲜卑族进入中原后，落后的政治、经济、文化与先进的汉族封建文化产生了很大的矛盾。如何解决这个矛盾，适应新的环境，以巩固其统治，便成为鲜卑族统治者必须解决的问题。

冯太后遵循北魏政权封建化的需要，大量提拔任用汉人为官。她正是靠着一大批富有政治经验的汉族官员，才得以顺利实

行改革。

首先，重视教育。冯太后执政后，认识到教育能起到"父慈子孝，兄弟和睦，夫妻和谐"的作用，就在天安元年（466年）诏令全国各地设立乡学，并且在每个郡部署博士（特别有才识的人）12人、助教2人、学士60人。在北魏史上，这是最早在地方上设立乡学的举措。在太和十年（486年）改中书学为国子学。这些诏令颁布后，促进了中原传统文化教育的恢复，为鲜卑族拓跋部的封建化创造了条件。

冯太后特别重视儒学教育，推行汉族的正统文化，使北魏在统治思想上向儒家政治文化靠拢。这对北魏统治集团文化的进步产生了强大的推动作用，加速了鲜卑族步入封建社会的进程。

其次，实行俸禄制。俸禄制度实行以前，鲜卑的官员是没有工资的，他们主要依靠向百姓征收赋税和进行战争掠夺来增加收入。为改变这种陋习，冯太后决定实行俸禄制。冯太后规定官员不得剥削百姓，不得贪污，朝廷每年都会有相应的俸禄给各级官员。俸禄制实行后，一定程度上抑制了官员对百姓的剥削，有利于北魏统治的稳固。

再次，实行均田制。均田制是国家把荒

田以政府的名义分给农民，成年男子每人40亩，女子每人20亩，让他们种植谷物，农民向官府交租、服役。这一改革使农民分到了土地，调动了农民生产的积极性，同时也增加了国家的财政收入。冯太后主持实行的均田制，对北魏社会的发展做出了重大贡献，为后世留下了宝贵的土地管理经验。

最后，建立三长制。三长制是学习汉族封建社会的一种地方管理制度，它规定五家为一邻，五邻为一里，五里为一党，邻、里、党各设一长，一共有三长，党长之上是县令。三长负责检查户口、催征赋税、管理生产、维护治安。这种设置可以把朝廷的政令通过州、郡、县，一直下达到每个家庭。三长制的建立，加强了中央对地方各级政权的管理，大大削弱了地方豪强的势力，提高了中央政府的权威，增强了国家的力量。

冯太后推行的一系列改革措施，促进了鲜卑族和北魏政权的封建化。她的改革不仅推动了社会经济的发展和国家政权的巩固，还对后世产生了深刻的影响。

言传身教的好长辈

冯太后的贡献也表现在她对孝文帝拓跋宏的抚养上。作为一名远见卓识的政治家，冯太后深知，改革不是一蹴而就的，它需要时间来推广和巩固。因此，冯太后很早就着手培养一名和自己思想一致并能继承自己事业的接班人。

孝文帝自出生起就由冯太后亲自抚养。在冯太后进行全面改革的同时，也尽可能让孝文帝参与和学习治国方略，接受各种锻炼。冯太后经常带孝文帝外出，巡视民情，让孝文帝了解

国宝小档案

我的名字： 永固陵石券门。

我的特征： 门无轴，不开合，是嵌入门楣内的。门楣两端各浮雕一精美的捧莲蕾童子，门柱上部浮雕孔雀。有两件门墩。

我在哪里： 中国国家博物馆。

我能告诉你： 永固陵的墓主人是冯太后，冯太后享年49岁，一生两次临朝，驰骋政坛近30年，施行改革，推行汉化，为民族交融做出杰出贡献。

民间疾苦，随时随地接受磨炼。冯太后的言传身教以及她坚毅的性格和卓越的胆识，对孝文帝影响很大。

孝文帝亲政后，深受冯太后思想影响，继续进行封建化改革。如迁都洛阳、禁胡服、学汉语、改汉姓等。冯太后所制定的俸禄制、均田制，在孝文帝时期得到了充分的实施。孝文帝时期的改革在继承和发展了冯太后的改革成果后又有所创新。孝文帝是冯太后培养的最得意的接班人。

太和十四年（490年）九月，49岁的冯太后死于平城皇宫的太和殿。在古代封建社会，统治者有在生前就为自己建筑陵墓的传统。冯太后也在生前为自己建好了陵墓，叫作永固陵，位于山西大同北西寺儿梁山（古名方山）。当年十月，冯太后被安葬在永固陵。

永固陵将墓地和佛寺结合起来，反映了冯太后是一位崇佛的统治者。在陵墓甬道的南端，有一道石券门。石券门由拱形门楣、门柱、门槛、虎头门墩、石门五部分组成，门无轴，不开合，是嵌入门楣内的。门楣两端各浮雕一精美的捧莲蕾童子，门柱上部浮雕孔雀。永固陵石券门是北魏石雕艺术的杰作，体现了冯太后生前崇高的地位和杰出的贡献。

10

虞弘墓石椁浮雕

一统天下的见证者

中华民族一直倡导中外和平交往，中华民族始终是这一理念的践行者。珍藏于山西博物院的虞弘墓石棺椁，以其浓厚的异域风情，鲜明的文化特色，高超的艺术水准和重要的历史价值震惊中外。墓主人虞弘13岁时任柔然高官。曾出使波斯、吐谷浑等国，后出使北齐时被留任。相继在北齐、北周和隋三代为官。他目睹了北朝时期北方政权的更迭，也见证了隋文帝一统天下的雄才大略。

墓主人生平

在阴森的墓葬中，冰冷的棺材表面竟然被精美的浅浮雕图案包裹，这不得不令人对墓主人的身份产生更多的遐想……

墓主人是虞弘，一位来自西域的外族人，在各个民族相互交往和战争不断的时期来到中国。

虞弘出生于北魏灭亡的534年，13岁时作为柔然使者出使波斯，并在中亚地区广泛旅行，到过波斯（今伊朗，阿富汗至印度一带）和吐谷浑（今青海甘肃一带）。18岁时，他回到柔然，旋即再次作为使者被派往刚刚建立的北齐，来到晋阳。两年后，柔然被突厥消灭，虞弘从此留在北齐任武官，一路升迁。北周灭北齐后，他又在北周担任并州地区的检校萨保府。隋朝建立后，虞弘担任统治太原地区的军事将领，59岁逝世。

北朝的改革与民族交融

北朝(386～581年)，是中国南北朝时期存在于北方五朝的总称。北朝包括北魏、东魏、西魏、北齐和北周五朝。它结束了我国始于西晋"八王之乱"，持续了将近150年的混战局面。隋唐两朝继承、创新和改制了北朝的一些政治、军事制度，成为中国封建社会的鼎盛时期之一。

北朝的这五朝是由中国北方的少数民族鲜卑族建立的政权。鲜卑族是生活在中国北方的游牧民族，兴起于大兴安岭山脉，后来迁到蒙古草原，以射猎为业，靠游牧为生。

338年，鲜卑族中的拓跋氏首领什翼犍建立代政权，把都城建立在盛乐(今内蒙古和林格尔县)，逐渐强大起来。公元376年，前秦统治者苻坚攻代，代灭。383年淝水之战后，前秦统治瓦解。386年，鲜卑族拓跋珪(什翼犍之孙)恢复政权（时称代国），后改国号为魏，史称北魏。

439年，北魏太武帝统一北方。471年，北魏孝文帝即位，开始了北魏的第一次重大改革。孝文帝拓跋宏是一位杰出的政治家，他5岁登基，24岁正式接替政权，开始了"文治"政策。为了加强同汉族及其他少数民族的交流，493年（太和十七年），孝文帝以南征为名，将都城从平城（今山西大同）迁至洛阳。由于洛阳远离鲜卑贵族居住的平城，保守势力相对较弱，在这种情况下，孝文帝开始了他的改革。

首先，孝文帝下令鲜卑族人改穿汉人服装、说汉话，废除了鲜卑族的种种特权。后来又将鲜卑诸姓改为汉姓，其中

虞弘墓石椁浮雕（局部）
刘静伟　摄

将拓跋姓氏改为元姓，将另外一些鲜卑姓氏改为长孙、穆、奚、陆、贺等汉族姓氏。孝文帝还通过婚姻方式来加强与汉族的关系，同时在政治上大力重用汉族官员。孝文帝通过一系列改革，使得汉族的先进文化与政治制度完全融入北魏的统治中。

孝文帝的改革也促进了北魏政治、经济的发展。鲜卑族建立了多民族国家，并吸收了汉族文化精华，促进了自身的发展，巩固了封建统治。同时，汉族也吸收了鲜卑族文化中优秀的部分。

然而，孝文帝的改革也遭到了鲜卑旧贵族的强烈反对，在孝文帝的强力推行下才保证了政策的顺利实施，巩固了改革成果。

隋朝的一统天下

孝文帝死后，北魏开始走向衰落。在其后的三十几年中，北魏宣武帝、孝明帝、孝庄帝等人先后执政，他们逐渐废弃了以前的民族和解政策，恢复了鲜卑族的特权，于是新的矛盾产生了。524年，六镇起义爆发。534年，北魏的孝武帝因不满当时实权人物高欢的胁迫，出走于长安宇文氏家族，而高欢则另立元善见为帝，于是北魏分裂为东魏和西魏。此后，高欢之子高洋与宇文觉先后废东魏帝和西魏帝而分别建立了齐、周，史称北齐、北周。

北齐建立于550年，由于北齐是在东魏的基础上建立起来的，所以实力较为强大。齐文宣帝高洋在位期间，又进行了一系列改革，使北齐的国力优于北周。但自齐文宣帝以后，相继继位的孝昭帝、武成帝都是暴君，他们在位期间，大肆杀戮元姓（北魏皇室）与汉族官员，使得北齐失去了鲜卑族与汉族人民的支持。577年，北齐被北周消灭。

与北齐同时存在的北周，是由宇文觉于557年在西魏的基础上建立起来的王朝。在建立之初，它的实力明显弱于北齐，但由于周武帝宇文邕（561～578年在位）治理有方，北周国力逐渐超过了北齐。在此期间，大部分奴隶被赦免为平民，化解了统治者与老百姓的矛盾。周武帝生活朴素、勤政爱民，深受各族人民的爱戴，北周开始了它的强盛时代。578年，周武帝病逝，传位给周宣帝，此后北周的军政大权逐步落入了大臣杨坚手中。

杨坚继承了父亲的爵位，是皇亲国戚，地位显赫。周宣帝残暴且不理朝政，杨坚乘机结交了一些朝中权贵，逐渐形成了自己的势力集团。周宣帝死后，继位的周静帝年仅8岁，杨坚掌握了军国大权。此后，杨坚又逐一消灭与他为敌的一些势力，彻底控制了北周政权。581年，周静帝被迫退位，杨坚取而代之登上皇帝的宝座，建立了隋朝。589年，南方的陈朝被隋灭掉，隋朝结束了南北对峙，完成了统一大业。

11

穿越千年去踏青

展子虔《游春图》

中国人踏春的习俗由来已久，画家展子虔就用画笔描绘了隋朝的绿水青山，还有在山中嬉闹游玩的人们，但我们透过这幅画能看到的，远不止于此。

神秘的画家

展子虔多才多艺，擅长画人物、车马、山水、台阁，而且在绘画上善于创新。他画的马神采飞扬，十分有神。他的山水画更被称为"远近山川，咫尺千里"。

现藏于北京故宫博物院的《游春图》，被认为是他的传世之作，这也是现存最早的卷轴画。展子虔的《游春图》描绘了隋朝时期人们在风和日丽、阳光明媚的春季，到山间水畔踏青游玩的情景。全画以自然景色为主，人物点缀其间。湖边一条曲折的小径，蜿蜒伸入幽静的山谷。人们有的骑马，有的步行，沿途观赏着青山绿水、花团锦簇的春日美景。那些尚未长叶的树枝，也似乎感受到阳光的暖意，正欲萌芽。不远处的湖面上，一艘游船缓缓荡漾。山腰和山坳间建有几处佛寺，十分幽静，令人神往。

世人为作者高超的画技和隋朝人悠闲的生活所陶醉，但历史并没有留下关于这位画家生命历程的详细资料。展子虔的一生经历了北齐、北周、隋三个朝代，那是中国历史上著名的乱世之一。直到隋朝统一南北，中国大地才得到短暂的平静。

隋文帝杨坚听闻展子虔才艺出众，想要聘请他为朝散大夫。这个职位是奖给社会知名人士的荣誉头衔，但把这种级别的官职奖给一位画师，是前所未有的，由此可知展子虔的名望之高。

虽然展子虔成为隋朝的官员，可奇怪的是，我们翻遍隋史，却没有关于他的一点记载。

张伯驹卖宅院收藏《游春图》

宋朝时，《游春图》被皇帝收藏着，很安全。北宋灭亡后，这幅名画就流落到了民间，几经辗转，又被清朝皇室收藏。1924年，清朝皇室成员被军阀赶出了紫禁城，大量珍宝流落民间，其中就有稀世珍宝《游春图》。

一天，张伯驹吃过早点，正和夫人潘素在家里论字说画，忽然有人敲门。来人是位中年男子，他向张伯驹夫妇报了个信：马霁川得到了《游春图》，并准备通过上海商人卖给外国人。张伯驹听了怒不可遏，急忙来找马霁川。马霁川说："只要拿得出800两黄金，这无价之宝就归您了。我可不敢敲您竹杠，这《游春图》举世无双，是真正的国宝。这画要是卖给洋人，少说也得1000两黄金。"张伯驹严厉地说："马掌柜，你怎么忘记了你是中国人呢！这展子虔的《游春图》是属于我们中华民族的。谁要是为了多赚几根金条，把它转手卖给洋人，谁就是民族的败类，是千古罪人！"

张伯驹经过认真思考，决定先给卖方施加压力，使其不敢轻易把《游春图》卖给外国人，只要画留在国内，便可从长计议。于是，张伯驹走遍琉璃厂古玩铺子，到处传话："《游春图》属于国宝，此画卷千万不能出境。"很快，国宝《游春图》在个人手

展子虔《游春图》
纵43厘米
横80.5厘米

中待售的消息传遍了北平文化界。马霁川没想到《游春图》竟闹得满城风雨，再僵持下去恐怕于己不利，迫于舆论压力，只好同意由墨宝斋的掌柜马保山作为中间人出面周旋，洽谈《游春图》由张伯驹200两黄金收购一事。

张伯驹最初接到马保山的电话时，曾激动地说："我感谢您，我代表我们的子孙后代谢谢您！"当时，200两黄金绝非小数目，对张伯驹来说已力不从心。十几年里，他的钱几乎都买了古书古画，万贯家财已经用尽。

为尽快得到《游春图》，张伯驹决定忍痛将自己位于弓弦胡同占地15亩的房院出售。这可是一处豪宅，原为大清太监李莲英的私邸，这也是张伯驹最有价值的家产了，最终以2.1万美元出售，终于留住国宝《游春图》。

1952年，张伯驹夫妇把展子虔的《游春图》、唐伯虎的《百美图》及几幅清代山水画轴，转让给故宫博物院。正因为张伯驹倾家荡产地多方奔走，才使《游春图》没有流落海外。

穿越千年去踏青——展子虔《游春图》

鬼斧神工的建筑

赵州桥

赵州桥举世闻名，位于河北省石家庄市赵县城南汶河之上，它的正名应该叫安济桥，只因它所在赵县古称赵州而被称为赵州桥。赵州桥是世界上现存年代最古老、跨度最大、保存最完整的单孔石拱桥。它巧夺天工的工艺令人叹为观止，它承载的美丽传说更让人魂牵梦萦。

天下第一桥

赵州桥横跨汶河南北两岸，由1000多块完整的石头组成，每一块石头都重达1吨左右。它以单孔长跨的形式建成，因为桥体全部用石料，又名大石桥。赵州桥的石拱跨度达37米多，河心不立桥墩，这是中国乃至世界桥梁史上的创举，成为世界上现存最早、保存最好的单孔石拱桥。欧洲19世纪中期才出现像赵州桥这样的敞肩石拱桥，晚了1200多年。赵州桥成为世界桥梁的鼻祖，被誉为"天下第一桥""世界奇迹"。

我国古代的大多数石桥采用半圆形拱的设计形式，外观优美，造型完整。但同时存在着两个严重的缺点：一是桥的坡面又高又陡，车、马、人行走极为不便；二是施工不便，施工过程中工人的人身安全难以保障。赵州桥改变传统风格，在设计上创造性地应用圆拱形式，不但降低了石拱的高度，而且降低了桥面的高度，又增加了桥身的跨度，使得桥面拥有一个平稳的受力过渡，方便人车同行，还节省了建筑用料，可谓一举多得。

赵州桥
全长64.4米
跨径37.02米

赵州桥的另一大创新是改变以往桥的实肩为敞肩。在大拱两旁分别增设两个小拱，四个小拱不但减轻了桥身重量、节省了建筑用料，还能起到泄洪的作用，大大提高了桥身的稳定性。赵州桥能屹立1400多年，足以说明它的坚固和稳定。它经历了10次水灾、8次战乱和多次地震，特别是1966年邢台发生的7.6级地震，赵州桥距离震中只有40多公里，依然安然无恙，难怪人们总是用各种神话渲染赵州桥的修建者。

从默默无闻到震惊中外

赵州桥的建造者是隋朝的一名工匠，名叫李春。他自幼好学，对桥梁建筑研究颇深，一生设计了很多桥梁，是中国古代著

赵州桥上的石栏板

名的桥梁专家。他用5年时间，带着他的团队完成了这项艰巨的任务，建成赵州桥。

隋朝在中国历史上有着很重要的地位。隋文帝是个非常有作为的君主，他建立隋朝，结束了长期以来南北朝的分裂，实现了全国统一，并且主张休养生息，恢复经济。当时，赵县作为隋朝重要的交通要道，对经济发展有至关重要的作用。"其南可至京都之府，其北可达重镇涿郡。"赵县南边可以连接当时的陪都洛阳（仅次于国都长安的第二大城市），北边可以连接今天的北京，其地理位置的重要性可想而知。就是这个重要的地方却被洨河限制，特别是当洪水来临时，交通严重阻塞，不利于人们来往，正因如此，李春才在洨河上修建了这座赵州桥。

赵州桥建成后，车水马龙，日夜不息。

直到1933年，著名建筑学家梁思成在河北进行野外考察时，听到"沧州狮子应州塔，正定菩萨赵州桥"这句民谣，沿着这一线索，发现了赵州桥，并对其进行了详细的科学考察，撰写了

《中国营造学社汇刊》。从此，被遗忘的赵州桥再次在中外桥梁史上赢得了举世瞩目的地位。

20世纪60年代，著名桥梁专家茅以升写了一篇文章《中国石拱桥》，后被收录到初中语文课本中，赵州桥才在中国变得家喻户晓。

1961年，赵州桥被国务院列为第一批全国重点文物保护单位；1991年10月，赵州桥被美国土木工程学会选定为世界第12处"国际土木工程历史古迹"铜牌纪念碑。至此，赵州桥成为与埃及金字塔、巴拿马运河、巴黎埃菲尔铁塔等齐名的历史文物。

如今，在赵州桥的上游又建了供人车通行的新桥，老桥区成为公园，专供人们参观游览和科学研究。赵州桥屹立至今，安静却有力量，它不仅是一项建筑成就，而且是中华民族传统文化的重要载体。

13

僧人练成书法家

《智永千字文》

南朝梁武帝命人从前朝最著名的书法家王羲之的书法作品中临摹出一千个不同的字，作为让老百姓识字的教材。梁武帝又让文章写得最好的官员把这一千个字编成朗朗上口的课文。这篇课文结构严谨，文采飞扬，对仗工整，方便记忆。而将这一千个字按照王羲之的书法法度抄写，使其流芳千古的，就是智永。这篇课文也因此被称为《智永千字文》。

僧人精研书法

智永，俗姓王，名法极，是著名书法家王羲之的第七世孙。他少年时，就出家当了和尚，法名智永，被世人尊称为"智永禅师"。

智永出生于书法世家，酷爱书法，潜心研究祖辈王羲之、王献之的书法作品。他在永欣寺时，盖了一座小楼专供练字。他发现自己的书法水平与老师和先祖相差很远，于是发誓，不把书法练好，绝对不下楼。智永开始不眠不休地研究、揣摩学习祖传墨宝《兰亭集序》，以及其他有名的字帖。

就在这座冷冷清清的小楼里，他如痴如醉地练习，毛笔用废了一支又一支。他把写秃了的毛笔扔进大瓮，天长日久，就积累了好几瓮。智永后来把这些毛笔统一埋在寺后的山坡上，形成了一个小山丘，被当时的人们称为"退笔冢"。

春去秋来，转眼间，30年过去了。智永日复一日，年复一年地练习和研究书法，他的书法技艺得到了很大的提高。在这30年中，他用楷书和草书两种字体，抄写了《千字文》八百多本，分送给浙东各寺庙。智永成为远近闻名的书法家。每天向他求书法真迹的人纷至沓来，人流如织，以至于把寺里的门槛都踩坏了。智永只好用铁皮把门槛包起来，这样的门槛被当时的人们称为"铁门槛"。

智永一生经历了梁、陈、隋三朝，他的书法风格既承继了魏晋南北朝时期追求风韵的特点，也开启了唐朝遵循法度的时代，是我国书法史上一位承前启后的书法大家。

书法艺术的蓬勃生长期

魏晋南北朝时期是我国历史上政治最混乱、社会最动荡的时代，也是民众精神极自由、极解放的一个时代。士人将汉字的书写变成了他们自我抒情达意的方式，由此，汉字逐渐演变成自觉的书法艺术，成为可以让人们欣赏的艺术。王羲之是魏晋南北朝时期书法成就的代表人物，被后人尊称为"书圣"。

东晋永和九年（353年）的三月初三，是东晋时的"禊节"，人们在水边举行祭祀，祓除不幸。王羲之邀请了谢安、孙绰、希昙、支遁等41位士族名流一起到兰亭过禊节。他们饮酒赋诗，一共写了佳作三十余篇，合编为一本书，王羲之亲自为该集书写了序言，这就是著名的《兰亭集序》。

如果说魏晋南北朝的书法艺术是初露锋芒，那唐朝的书法艺术便是群星璀璨。唐朝经济繁荣、文化昌盛，唐朝政府设置了专门培养书法人才的学校——书学。唐朝实行的科举制度规定了四

天地玄黄宇宙洪荒日

玄地玄黄宇宙洪荒

盈昃辰宿列张寒来暑往

辰宿而无时暑注

条标准，其中一条便是"书法遒美"。

正是在这样的社会环境中，唐朝涌现出了许多知名的书法家。其中最著名的书法家是颜真卿、柳公权，史称"颜筋柳骨"。

颜真卿的书法作品中，比较多的是刻在石碑上的作品，称为碑书。这些碑上的楷书端庄雄伟，气势饱满。虽然看上去用笔肥厚粗拙，可认真琢磨就会发现每一个字中都内含筋骨。因此，人们用"颜筋"来概括颜真卿书法的特点。他的楷书创造了唐代的新书风，体现了唐朝开拓进取的精神面貌。

如果说颜真卿的字像一位正直而刚烈的微胖之人，那么柳公权的字就像一位清秀而气度不凡的精瘦之人。

柳公权一生经历了唐穆宗、唐敬宗、唐文宗三个皇帝，但是他淡泊名利，一直安于当一个小官。有一次，唐穆宗询问柳公权用笔的方法。柳公权不改声色地回答说："只有心灵摆正了，才能把笔拿正，这就是我用笔的方法。"他的话富有深意，是在讽刺唐穆宗的荒纵无度，劝他要摆正态度，专心于国家大事。这就是书法史上传为美谈的"笔谏"，可见柳公权是一个清廉而正直的人。字如其人，柳公权的字棱角分明，清秀方正，但是笔力刚劲有力、疏朗开阔，令人赏心悦目。

颜柳二人的楷书，结构严谨，法度精密。到宋代雕版印刷术普及以后，就以颜柳的楷书作为雕版的印刷字体，称为"宋体字"。颜真卿和柳公权的楷书，是在王羲之的行书后开创的一个新局面，一直影响至今。

历史上还有很多书法家，他们的文字、他们的精神，就像夜空中那些闪亮的星星，为我们的书法艺术之路指引方向。

14

舞马衔杯纹银壶

盛唐舞马祝酒

在陕西历史博物馆中，有两件国宝级文物是从不出境展出的，其中一件是唐代金银器中最精美的器物之一——舞马衔杯纹银壶。银壶整体锤打成型，肩部焊接弓形提梁；壶嘴搭配覆式莲瓣状壶盖，上系银链；壶身双面模压鎏金骏马，马颈上系着彩带，后腿弯曲蹲坐，前腿站立，马尾高高扬起，口中衔着酒杯，做出跃然起舞的动作，栩栩如生，精美绝伦。

动人的舞马

1970年，舞马衔杯纹银壶出土于陕西西安何家村，整件文物用纯银打造，在壶的提手、壶盖、壶身上两匹骏马的位置，又镀了一层金色，与整个壶身交相辉映，格外富丽。

壶形呈扁圆状，一端开有竖筒状的小口，口的上方有莲瓣式壶盖，就像给壶戴上了一个帽子，避免水漏出来。壶盖上方有一根银链和提手相连，这样的设计既美观，又能避免盖子丢失，功能与美感俱佳。壶的整体造型很像北方草原少数民族装水用的皮囊，说明在唐朝时，汉族与少数民族有了更多的交往。壶采用这样的造型，既方便外出游玩、打猎时携带，又便于日常生活使用，由此可见唐朝的工匠们在设计上独具匠心的创意与智慧。

壶的制作工艺相当考究。壶身是用一整块银板捶打出壶的大致形状，然后以模压方法在壶腹的两面模出两匹相互对应的舞马

舞马衔杯纹银壶

刘静伟　摄

高 14.8 厘米

口径 2.3 厘米

底径 8.9 ～ 9.2 厘米

重 549 克

形象，再将两端粘压焊接，反复打磨致平。它的侧面被打磨得非常光滑，几乎看不到焊接过的痕迹。由此可知，唐代金银器物的制作工艺水平已经非常高超。

壶身两面有两匹对应的骏马。马的后腿弯曲蹲坐，前腿直立，马尾高扬。马口中衔一只酒杯，脖子上系有彩带，飘飞于身后。这匹马的舞蹈姿势是在敬酒，它将酒敬给当时的皇帝唐玄宗。

盛唐舞马

舞马历史悠久，马经过特殊的训练后，可以伴随着各种音律翩翩起舞，做出各种动作，与今天在马戏团中看到的马的表演有点类似。唐朝国力强盛，统治者推行比较开放的对外政策，使得唐朝能够从国外引进一些品种优良的马匹并加以训练，舞马的技艺达到了很高的水平。

唐玄宗是历史上著名的皇帝，在他统治的前期，用心治国，提拔人才，创立了许多新制度，把唐朝的国力推向了最高峰。

唐玄宗喜爱音乐，6岁能歌舞。他精于多种乐器演奏，如琵琶、横笛等，且技艺高超。他对唐代的音乐制度做了多次重大改革，促进了音乐艺术的发展；他设立了类似今天的音乐学校，培养了许多优秀的音乐艺人；吸收和容纳外来音乐，促成了前所未有的唐乐气派。

唐玄宗从国外进口了很多优良马匹，把这些马养在宫中，不仅给每一匹马取了名字，而且亲自创作音乐，训练这些马。

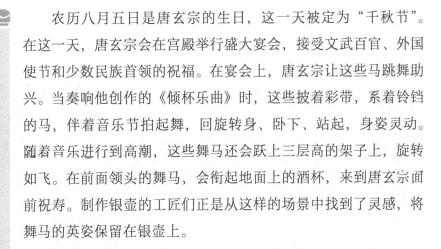

我的名字：舞马衔杯纹
银壶。

我的特征：壶体造型饱满，
线条圆润，工艺精湛。
舞马形象生动逼真，栩
栩如生。

我在哪里：陕西历史博
物馆。

我能告诉你：银壶上的舞
马形象与史料记载相互印
证，是难得的珍品文物。
它反映了唐代宫廷的奢华
生活，见证了唐朝各个民
族之间的融合。

农历八月五日是唐玄宗的生日，这一天被定为"千秋节"。在这一天，唐玄宗会在宫殿举行盛大宴会，接受文武百官、外国使节和少数民族首领的祝福。在宴会上，唐玄宗让这些马跳舞助兴。当奏响他创作的《倾杯乐曲》时，这些披着彩带，系着铃铛的马，伴着音乐节拍起舞，回旋转身、卧下、站起，身姿灵动。随着音乐进行到高潮，这些舞马还会跃上三层高的架子上，旋转如飞。在前面领头的舞马，会衔起地面上的酒杯，来到唐玄宗面前祝寿。制作银壶的工匠们正是从这样的场景中找到了灵感，将舞马的英姿保留在银壶上。

舞马的黯然离去

舞马贺寿的盛况并没有一直持续下去。安史之乱爆发后，唐玄宗逃往蜀地，把这些舞马弃在宫中。安禄山曾经看过舞马的表演，得到这些舞马后，他非常欣喜。

在安禄山死后，这些舞马落入田承嗣手中，他不懂欣赏，把这些马当作普通马来饲养。一次，军中举行宴会，乐声响起，这些舞马也跟着跳起了舞。田承嗣见状，以为这些马疯了，命令士兵将这些马全部鞭打而死。可怜这些有灵性的舞马最终以悲情的方式结束了生命。

在此之后，舞马衔杯祝酒的表演在历史的舞台上慢慢消失。在很长一段时间内，人们认为根本就没有所谓的舞马，这些只不过是被人们神化了的故事。直到这件文物出土，才证实舞马是真实存在的。

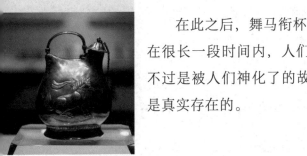

开元通宝

人类社会发展到今天，先后使用过贝壳、贵金属、纸币、电子货币等钱币。中国在两千多年漫长的封建社会中，铸造过难以计数的、不同形制的铜钱。唐初制造的开元通宝，在我国钱币史上具有划时代的意义，它结束了铜钱以形制或重量命名的历史，其"身材"和"长相"成为唐朝之后各代铜钱的标准，它流通了近300年，见证了唐朝的兴衰荣辱。

谁铸了这种铜钱？

开元通宝是唐朝的钱币。"开元"是唐玄宗李隆基的年号，那么，开元通宝是唐玄宗统治时期发行的钱币吗？很遗憾，"开元通宝"不是年号钱！

这种铜钱上的四个字，像篆书，又像隶书，流畅优美，是"颜柳欧赵"书法四大家中欧阳询的手笔。铜钱上的"开元"引自《汉书》作者班固的《东都赋》中"夫大汉之开元也，奋布衣以登皇位"，意思是开辟新纪元，建立新朝代。开元通宝铜钱最早铸造于唐高祖李渊当皇帝的时候。李渊是唐朝的"开元"君主，铸造此铜钱，是为了显示他开国皇帝的身份。

在开元通宝出现以前，钱币计重是十六进位制，所以有"半斤八两"之说；开元通宝出现后，"十钱一两"的十进位制才诞生。

有趣的是，开元通宝到底怎么读，从它诞生的第一天起就是个

开元通宝

争议性话题。据宋代书籍记载，哪怕是在当时，民间都有很多人认为，这种钱的名字叫"开通元宝"。之所以闹出这么大的误会，是因为在这之前，一般铜钱上的文字只有两个字，如果竖排就是从上往下读，如果横排则从右往左读。"开元通宝"却是呈菱形排列的四个字，这就让用钱的人很困惑：究竟这四个字谁先谁后？

铜钱的四个字，阅读次序本该是上、下、右、左，叫作"直读法"，可大多数人却按照自己的习惯，上、右、下、左顺时针方向去念，如此，"开元通宝"就被念作"开通元宝"。

唐朝开元通宝的铸制与流通，在我国钱币形制发展史上有着划时代的意义。开元通宝简称开元钱或通宝钱，开元就是"开国奠基"的意思，通宝则是"流通宝货"。把铜钱叫作"通宝"，也反映了当时人们对货币的作用有了进一步的认识，以钱为宝，意味着货币即财富观念的增强。唐朝以前的钱币，大多都以形状或重量为名称，比如刀币、五铢钱等，自从开元钱产生以后，改称"宝""通宝""元宝"等。开元通宝是唐朝统治290年中的主要流通货币，影响了中国一千多年钱币的形制、钱文模式等。

不过，就在"开元通宝"发行后不久，由于发行数量过多，竟然引发了短期的通货膨胀。长安城里的百姓，想要上街买件衣服，都要拿着成袋的开元通宝铜钱往集市上去交易。没过多久，老百姓嫌麻烦，开始直接用黄金白银交易，开元通宝被闲置。后来的皇帝进行了一系列改革才改善了这一状况。

走遍世界的铜钱

开元通宝作为唐朝大量发行的主要货币，在很多国家发现了它们的踪迹。

2014年,日本京都市下京区的建筑工地附近出土了一只陶罐,罐内存有4万多枚古钱,其中就有"开元通宝",这是唐朝时期中日之间经济文化交流的重要证据。

唐朝时,中国经济文化极度繁荣,吸引了周边国家专门派遣使团到中国学习,他们被称为遣唐使。这些使团包括僧人、留学生、专业技术人员和商人等,他们来到唐朝交流、学习,然后把唐朝先进的经济、文化带回自己的国家。陕西西安,也就是唐朝都城长安附近,曾经出土过日本"和同开珎"铜钱,其大小、形状几乎与开元通宝一模一样,可见唐朝文化对当时日本影响之深。

2016年,中国社会科学院考古研究所新疆工作队经过十几天的发掘,终于用出土的开元通宝铜钱文物证实:北庭故城外城墙是按唐代建制所建,今天的新疆地区在唐朝时就已经是中国的领土。

开元通宝是唐朝时期的主要流通货币,铸行了近300年,时间长,数量大,版别也较多。唐代始终通行开元通宝,五代、宋初也有大量铸造,清雍正年间两广偏远地区的市面上还有大量开元通宝流通,当时清廷特准以雍正通宝兑换。而由此开创的通宝、元宝币制,一直流传了1300多年,民国成立后才被废除。开元通宝生命力之长久,流通范围之广,在世界货币史上罕见。此外,日本奈良时代和越南吴朝皆仿制唐开元通宝,朝鲜的铸币虽钱文不一,但皆仿开元形制。开元通宝折射出盛唐时代中华文明的巨大影响力。

开疆拓土的战马

昭陵六骏

昭陵六骏是指拳毛騧(guā)、什伐赤、白蹄乌、特勒骠、青骓、飒露紫，它们是唐太宗李世民先后骑过的战马。为纪念这六匹战马，李世民令工艺美术家阎立德和画家阎立本，用浮雕描绘六匹战马，列置于自己的陵墓——昭陵。昭陵六骏造型优美，雕刻工艺精细，是珍贵的古代石刻艺术品，展现了大唐的尚武气魄与开拓精神。

昭陵六骏现身

从西安碑林博物馆内收藏的残损石刻中依稀可见骏马立行奔驰的身姿与步态，从而感受到骏马的勇武、刚烈。

事实上，骏马石刻原本是陈列在昭陵墓旁祭殿两侧，昭陵是唐太宗和文德皇后的合葬陵墓，位于今陕西省礼泉县。唐太宗李世民是盛唐伟业的奠基人。他为了告诫子孙创业的艰辛，也为纪念这些曾经与自己并肩战斗、生死与共的战马，636年，在兴建昭陵时，唐太宗下令按照真实的样子，将自己在开创大唐帝业时骑过的六匹骏马雕刻出来，排列在昭陵。

为了雕刻这六匹马，唐太宗命令当时著名画家阎立本绘制出战马图，由工艺美术家阎立德设计，采用浮雕的方法，在巨大的青石料上雕刻出六骏。这些青石料从西岳华山开采而来，每块青石高约1.71米，宽2.05米，厚约0.3米，重约2.5吨。石料的运输和雕刻需要花费很多人力和时间。唐太宗亲自写下对每匹马的赞美词，令大书法家欧阳询书写，刻于马的浮雕旁。

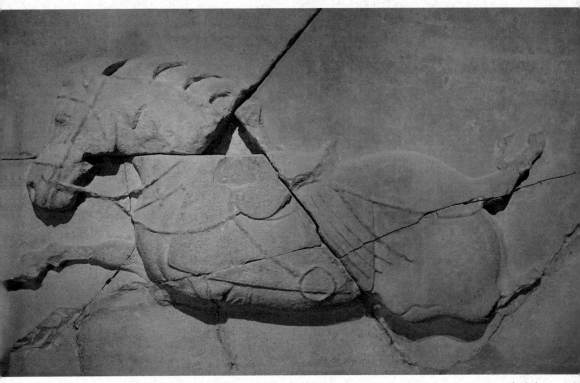

白蹄乌

昭陵六骏
刘静伟　摄
宽 2.05 米
高约 1.71 米
厚约 0.3 米
重约 2.5 吨

　　石刻的风格质朴雄健，浑然大气，线条简洁，造型准确，类似于美术里的素描法，生动传神地表现出战马的体态和性格特征，栩栩如生地再现了一匹匹战马驰骋疆场的情景。六匹骏马的动作与神态各不相同。雕刻者根据它们各自不同的战斗事迹，抓住了最为感人的瞬间，刻画出不朽的艺术形象，千百年来一直带给人们无限感慨。

每匹马都有故事

　　特勒骠的毛色黄里透白，牙齿略黑，透过石刻你可以看到特勒骠昂首缓步前行，表现出一种坚定、自信、豪迈的气质。

拳毛騧

飒露紫

　　它是李世民在平定刘武周的部下宋金刚时所乘的战马。619年，刘武周趁唐军与其他军队作战时，勾结突厥攻打太原，占领了晋地大片土地。唐高祖李渊得知消息后大惊失色，打算放弃山西等黄河以东地区，撤回兵力守卫长安。当时朝廷的多数大臣也表示赞同，只有李世民坚决反对，他认为不能丢弃黄河以东的地区，否则大唐江山就有危险，要求出兵攻打刘武周。李世民乘特勒骠率领精兵冲锋陷阵，一天一夜之内与敌军激战十几次，连续打赢了八场硬仗，取得辉煌战绩。

　　青骓是一匹苍白杂色毛马。雕像再现了它急速奔跑，四蹄腾空，尾巴上翘，马毛随风飘扬的矫健姿态。它身上插有五支箭，都是冲锋时从前方迎面射过来的，但是箭最终落在了马的后背上，可见骏马飞奔速度之快。青骓是李世民平定窦建德时的坐骑。窦建德原是隋军将领，趁乱自称夏国王。当时，唐军扼守虎牢关，占据了有利地形。李世民趁敌方列阵已久，饥饿疲倦时，下令进行全面反击，李世民骑着青骓，亲率将士突入敌阵，一举

特勒骠　　　　　　　　　　　　什伐赤

擒获窦建德。但战役结束后，青骓也因受伤过重而死。

　　什伐赤是一匹纯赤色马，排列在祭坛东侧末位。它呈奔跑姿态，四条腿的动作被刻画得非常细致，充分体现了骏马在冲锋陷阵时的姿态。什伐赤的臀部中了五箭，其中一箭从背后射中，其他四箭从前方射中。什伐赤是李世民在洛阳、虎牢关与王世充、窦建德作战时的战马。王世充在隋末唐初战乱之际，自称郑王，占据洛阳一带。他本来打算与窦建德结为联盟，共同对付唐军。当李世民攻打王世充时，王世充向窦建德求救，但援军都被李世民击败了。在这场战役中，李世民先后战死三匹战马，其中什伐赤凌空飞奔，英勇作战，最终中箭而亡。

　　飒露紫体形高大，它可能是一匹极为名贵的汗血宝马。在骏马的旁边，刻有李世民的得力干将丘行恭。马的前腿挺直，身体微微后倾。丘行恭左脚微微抬起，左手扶住马的前胸，右手正在为其拔箭。

青骓

　　621年，李世民与王世充在洛阳决战，有一次李世民乘着飒露紫，只带了30多名随从，亲自试探对方军情，没料到迎面遇上大队敌军。在这生死存亡的时刻，飒露紫驮着李世民，冒着箭雨猛冲敌阵，杀出一条血路，最后却不幸中箭，无法前行。在这危急关头，李世民的大将丘行恭赶来营救，他回身张弓四射，箭无虚发，敌人一时不敢前进。随后，丘行恭立刻跳下马来，给飒露紫拔箭，并把自己的马匹让给李世民，然后又徒步冲杀，斩敌数人，突破包围回到营地。丘行恭为飒露紫拔出胸前的箭后，飒露紫倒地而亡。

拳毛䯄的毛呈旋转状，毛发是黄色的，嘴巴是黑色的，仔细观察，你会发现它的左前腿提起，大概是想要向前迈步，右前腿微微倾斜，右后腿即将落地，左后腿还保持着站立姿势，呈现出缓缓前行的姿态。拳毛䯄身中九箭，前面中六箭，后面中三箭，是李世民平定刘黑闼时的坐骑。

622年，李世民率领唐军与刘黑闼在今天河北曲周一带作战。刘军主力渡河时，唐军从上游开挖河堤，打开河坝口，借着大水作掩护，奋勇进攻，夺得胜利，战斗中的拳毛䯄身中九箭，但依然坚持迈步前行，令人感动不已。

白蹄乌，据记载，它毛色纯黑色，四蹄都是白色，非常少见，它昂首疾驰，长鬃迎风飘扬，形象十分威武。这匹马是李世民平定薛仁杲时的坐骑。

618年，唐军刚刚占领长安，立足不稳，薛仁杲大举进攻唐朝，想要争夺长安。双方相持两个月后，李世民看准战机，以少量兵力在正面牵制诱敌，亲自带领主力将士直接攻打敌人后方，使薛军阵容大乱，最后溃逃。李世民乘胜追击，骑上白蹄乌，身先士卒，狂奔猛追，一天一夜奔袭200余里，迫使薛仁杲投降。白蹄乌身上虽然没有箭伤，但是因为连续长途疾驰，最后力竭而亡。

昭陵六骏石刻是对骏马的歌颂，更是对骏马主人的赞美。石刻上虽然没有出现唐太宗李世民的形象，但是人们欣赏六骏的时候，却仿佛看到了他骑着骏马，浴血奋战，奋勇杀敌的身影。

《步辇图》

《步辇图》是唐朝画家阎立本的名作，被誉为中国十大传世名画之一，现藏于故宫博物院。唐太宗时期，国力雄厚，文化灿烂，吐蕃赞普松赞干布仰慕大唐文化，派使者禄东赞到长安求婚。唐太宗实施的是开明的民族政策，把文成公主嫁给了松赞干布。

聪明的禄东赞

《步辇图》描绘的是吐蕃（古代藏族在青藏高原建立的政权）使者禄东赞在向唐太宗提亲，求娶大唐公主的场景。求亲的可不只吐蕃，还有当时的天竺（印度的古称）、大食（唐时指阿拉伯帝国）等。这么多政权都在向大唐提亲，是因为大唐强盛的国力。

唐太宗被西北地区少数民族尊为"天可汗"，可见他们对唐太宗的崇敬和认可，对大唐的向往和仰慕。在这种历史背景下，众多使者前来向大唐求婚和亲。

众多的求婚使者令唐太宗感到为难，怎么办呢？于是出了几道难题让使者来解答。第一道题，将丝线穿入九曲夜明珠中。禄东赞坐在树下思考着，突然看见蚂蚁爬过，他灵机一动，把丝线一端拴在蚂蚁身上，然后在夜明珠的另一端抹上蜂蜜，蚂蚁闻到蜂蜜的味道，使劲往前爬，蚂蚁成功地吃到了蜂蜜，丝线也就成功地穿入了夜明珠。第二道题，为100匹小马找到各自的妈妈。禄东赞把小马和大马分开圈养，在这一天中只给小马吃草，不给它们喝水。到了傍晚，小马口渴难耐，见到妈妈时都飞奔过去喝奶，这样小马和母马的亲子关系就一目了然了。

青藏高原上的千古爱情

松赞干布13岁时父亲被毒杀，他面临吐蕃内部叛乱、外族入侵等多重危机，但他不仅成功地平定了内乱，而且再次统一吐蕃，足见其过人的谋略和智慧。

作为一个极富远见的政治家，松赞干布清楚汉藏关系的重要性，曾先后两次派遣使者向大唐请婚，第一次失败了。638年，吐蕃出兵攻打唐朝，被唐朝打败，这次出兵让吐蕃进一步感受到大唐的强大，也使唐朝意识到吐蕃政权不容小觑。于是唐太宗答应了吐蕃兵败之后的第二次请婚。

唐太宗将宗室女文成公主许配给松赞干布，文成公主自幼饱读诗书，知道自己的责任，于是她带着两国友好邦交的使命远嫁吐蕃。文成公主的嫁妆异常丰富，有大量的金银财宝，有经史、诗文、种植、历法、医疗等书籍，这些书籍都是中原文化的精髓，对吐蕃的文化发展起到了极其重要的推动作用。文成公主带去大批工匠，给吐蕃输入了先进的农业和手工业生产技术。还有各种种子，对西藏的经济发展起到了重大的促进作用。在西藏，文成公主的地位极高，当地人称其为"甲木萨"，意思是"汉族的女神仙"。

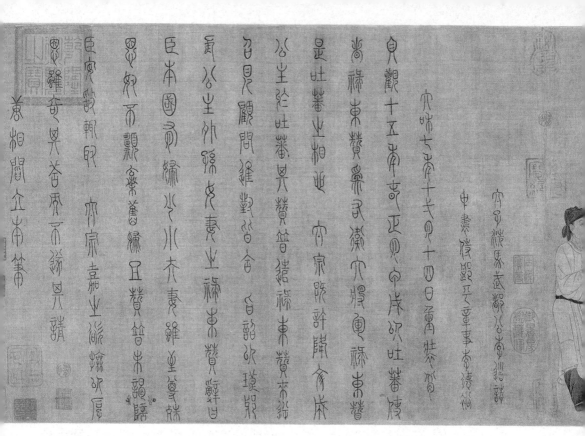

《步辇图》
纵38.5厘米
横129厘米

文成公主与松赞干布举行了盛大的婚礼。松赞干布高兴地说："我的祖上从未有人和大唐皇室通婚，我有幸娶到大唐公主，希望能为她修建一座宫殿，以示后代。"不久，一座宏伟的宫殿落成，它就是拉萨的布达拉宫。

《步辇图》与皇室的分分合合

《步辇图》流传千余年至今，经历了几个朝代的变更，能够保存下来实在难得。从画卷本身也能看到它备受历代人珍爱，但同时也历经沧桑。在画卷的拖尾、卷末处，有北宋到明清20多则名人收藏者的题记。在画的本幅和前后隔水上共有121个收藏印。收藏

字画者喜欢在藏品上留下自己的痕迹，于是就有了这些藏印，但是并不是谁都可以在字画上盖印的。我们能看到画作中间的"步辇图"三个字上有一方盖印，有史家认为这是武则天（她给自己起的名字叫武曌）的印迹，印章上面是个"曌（zhào）"字。在宋元时期，这幅画主要藏在宫里。元代元文宗时期，一位公主出嫁，《步辇图》作为陪嫁品出宫。到了明朝，它就流失于民间。到了清朝，这幅画又重新回到宫中。在溥仪退位时，《步辇图》被赏赐给他的弟弟溥杰，该画再度流落民间。到20世纪50年代，有识之士购买后捐给国家，才使得《步辇图》保存在故宫博物院。

18

唐僧西游攻略

《大唐西域记》

《大唐西域记》是唐太宗时期高僧玄奘口述，其弟子编写的地理史籍。书中主要记录玄奘从长安（今西安）出发，向西游历我国西北地区、中亚和南亚等地的所见所闻，详细记录了当时游历地区的自然地理风貌、生活方式、建筑、婚姻、丧葬、宗教信仰、沐浴与治疗疾病和音乐舞蹈等方面的内容，是今天研究印度、尼泊尔、巴基斯坦、孟加拉国、斯里兰卡等地古代历史地理的重要文献。

艰难的西行路

玄奘，本名陈祎，出生在隋朝，5岁母亲去世，10岁父亲去世，他成了一个孤儿。为了活下去，他跟随自己的兄长来到洛阳的一座佛寺。他以非同一般的聪慧打动了主考官，被破格录为僧人，被赐法号玄奘。从此，玄奘开始研究佛学。由于他有着惊人的记忆力，而且非常聪慧，仅用了五六年的时间，他的名声就传遍了洛阳。

隋朝爆发了大规模的战争，战火很快烧到洛阳，玄奘决定南下，遍访南方寺院，向高僧求教佛法。然而，当学习佛法达到一定的高度和深度时，玄奘发现心中有越来越多的疑惑。玄奘在长安碰到天竺（印度的古称）僧人波颇。波颇告诉玄奘：天竺有一座叫那烂陀的寺院，是研究佛法的最高学府；那烂陀有一位叫戒贤的高僧，通晓一切佛法，是当世佛学界的宗师。

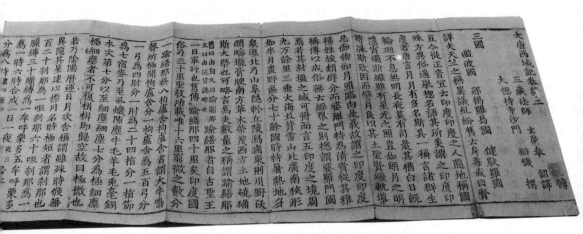

《大唐西域记》（局部）

　　波颇的一番话给玄奘指明了方向，他仿佛找到了心灵的明灯，决定前往天竺，寻找那烂陀寺，拜见戒贤大师。玄奘迅速付诸行动，他召集了一批志同道合的僧人，联名向皇帝请命，请求西行。唐朝官方毫不犹豫地否决了玄奘的西行计划。玄奘一边学习梵文，一边继续争取机会。第二年秋天，长安饥荒，官方准许老百姓外出逃荒，玄奘赶紧离开长安。

　　玄奘在瓜州无法出关，当地的官员拿着大唐的通缉令抓住了他。幸运的是，守城长官李昌是一位虔诚的佛教徒，他撕毁了官牒，放走了玄奘。玄奘行走的西域地区多是戈壁荒漠，干旱缺水，玄奘遇到第一座烽火台时，想在烽火台下取水，被守卫烽火台的士兵发现，差点儿被乱箭射死。

　　千辛万苦走出荒漠的玄奘来到了高昌国。高昌王信仰佛教，仰慕玄奘的佛学学识，要求玄奘留在高昌国做最高法师，玄奘无法说服高昌王，只好绝食，直至奄奄一息。高昌王被玄奘的决心打动，只好屈服，双方结拜为兄弟。高昌王用举国之力为玄奘准备行装，专门为玄奘选了四个僧侣徒弟，以便路上照顾玄奘；亲自写信给沿途国家，希望西行路上的国王给玄奘照顾；还为玄奘准备了30匹马、25个随从，并派一名高昌官员陪同，配备了足够20年的路费。

此后，玄奘不再孤身一人，但遭遇到的危险却有增无减。出高昌国不久，就遭遇盗贼，财物被抢；穿越凌山大雪山，遭遇雪崩，十几名随从被冻死；在撒马尔罕国遭遇拜火教教徒的攻击和追杀，差点丢掉性命；进入天竺地界时，玄奘身边只剩下了两个徒弟，其余同伴不是走散，就是死在路上。玄奘如此悲壮的求学之路令后人敬重感叹至今。

学生变老师

历经千难万险，经过4年的行程，玄奘终于抵达西行的目的地——那烂陀寺。戒贤法师为玄奘举行了隆重的拜师仪式。

玄奘在这里潜心苦学，那烂陀寺的藏书量在整个佛教界首屈一指，玄奘遍览那烂陀寺的佛学典籍，百岁高龄的戒贤法师为玄奘讲授最难懂的《瑜伽师地论》佛典。玄奘在这里学习了5年，随后他又花了3年时间研习佛法，走遍了印度的大小佛寺。

戒贤法师希望玄奘在那烂陀寺开设讲坛，与攻击瑜伽派的高僧辩论。当时的天竺，辩经是非常激烈的，失败者要么永远消失，要么改变自己的派别，不少失败者甚至割掉自己的舌头或结束性命。玄奘开设讲坛，为荣誉而战，最后对手逃跑了，瑜伽学派的神圣地位被重新确立，玄奘的影响力开始在天竺流

国宝小档案

我的名字：《大唐西域记》。

我在哪里：现存版本非常多。

我能告诉你：记载了玄奘亲身经历和传闻得知的138个国家、地区、城邦的风土人情、历史地理等，这本书被翻译成各种文字，在全世界广泛传播，成为一部公认的奇书。

传，越来越多的高僧登门拜访，找玄奘辩经，对手越来越强。令玄奘没想到的是，最后惊动了最强大的两个国王——戒日王和东印度王。

戒日王国和东印度国都信仰佛教，两位国王都希望玄奘能留在本国讲经。最终，由于戒日王国的国力更加强盛，东印度国王妥协了。戒日王召开了全印度的佛教学术辩论会，全印度各教派的智者都必须参加，观看玄奘讲经，针对他的观点进行辩论。18天过去了，讲经现场竟然没有人报名参与辩论，很多人听了玄奘的讲解当场皈依，这场辩论大会将玄奘的留学生涯推向了顶峰，他被尊为一代佛学大师。

玄奘在天竺度过了14年，随着唐朝与戒日王国的交流增多，他终于可以回国了。东归的玄奘带着一支马队，驮着众多佛经和佛像，选择近一些的南道回国。

此时的唐朝早已安定，国力强盛，统治者鼓励对外交流，佛教更加兴盛。玄奘回国时长安百姓夹道欢迎，皇帝命宰相亲自主持了盛大的欢迎仪式。经过19年的艰辛努力，玄奘给大唐带回了一笔难以估量的精神财富，大唐皇帝命人在长安修建大慈恩寺，让玄奘翻译佛经，在寺院旁边修建了大雁塔，用于收藏玄奘带回来的佛经。

《大唐西域记》版本很多，我国收藏的版本，以敦煌唐写本（残本）、南宋安吉州资福寺刊本、南宋苏州碛砂延圣院刊本最为珍贵。敦煌唐写本（残本）《大唐西域记》是在唐太宗时候写成的，是最早传入吐鲁番的《大唐西域记》写本，现藏于吐鲁番博物馆。由于比较接近成书年代，较好地保留了书籍的本来面貌，且在书籍的流传史上意义重大，文物和史料价值很高。

19

一代女皇武则天

无字碑

中国古代的谜团有很多，其中最著名的四大谜团是：传国玉玺下落之谜、武则天为何立无字碑、斧声烛影之谜、明建文帝之谜。女皇帝武则天的墓碑高大，但奇怪的是，碑上却不见一字！为什么武则天不在自己的墓碑上刻字？历史学家们为此争论不休。

武则天的政治才能

武则天出生在一个贵族家庭，她的父亲是朝廷官员，外公当过宰相。武则天的母亲文化水平比较高，教她读书认字，对她后来的人生影响很大。

武则天在13岁左右被召进宫，成为唐太宗的妃子。

据说唐太宗有一匹名叫"狮子骢"的烈马，非常彪悍，很难驯服。当众人束手无策时，武则天却说她有办法，唐太宗好奇地问她有什么高招，她回答："开始用鞭子抽，不行就用铁锤打，再不行就用匕首割断它的喉咙！"由此可见武则天的冷酷残忍。

唐太宗并不怎么喜欢武则天。13岁到26岁，武则天的青春年华一直在深宫中孤独地消磨，可她并没有放弃希望，她把目光停在了柔弱的太子李治身上。

唐太宗死后，太子李治成为皇帝，就是唐高宗。在很多机缘巧合和精心策划后，武则天终于得到了唐高宗的好感，并成为他

无字碑
赵静　摄
高7.53米
宽2.1米
厚1.49米
重98.9吨

一代女皇武则天——无字碑

最宠爱的妃子。武则天心狠手辣又聪明过人，在与其他妃子的争斗中胜出，成为皇后。

武则天成为皇后之后，因为唐高宗体弱多病，慢慢地，很多国家大事都开始由她来处理。后来她的丈夫病逝，儿子成为皇帝，但实际权力都掌握在武则天手中。武则天67岁时称帝。

武则天是一位政治家，也是一位改革家。她在40多年的政治生涯中，以超人的魄力，无畏的胆略，进行了一系列改革。

她广开言路，善纳诤言。她对于直言敢谏的臣民十分敬重，尽量采纳他们的建议。她扩大仕途，开创殿试。武则天在发展科举制的同时，还采取了破格用人的办法。不论是现任官吏，还是平民百姓，只要有才干，都可毛遂自荐。她采取许多切实可行的措施发展农业生产、兴修水利工程。

武则天通过一系列的改革措施使大唐国力得到提升，边疆稳定，国家繁荣富足，人民安居乐业。武则天为唐朝的繁荣昌盛做出了不可磨灭的贡献，历史政绩彪炳史册。

无字碑之谜

时间就像一个圆圈，武则天出生在一个冬天。同样是在冬天，82岁的武则天凄凉孤独地死去。一千多年过去了，人们仍然对这位中国历史上唯一掌握过国家最高权力的女皇评价不一。

关于无字碑，一些历史学家推测：武则天认为自己篡权夺位，滥杀无辜，荒淫无道，罪孽深重，也没有什么大的功劳值得

记载。另外一些历史学家推测：武则天认为自己帮助穷人，发展科举教育，奖励农业，继承了唐太宗的好政策，政绩辉煌，远远不是一块碑文能写得下的。留下一座空碑，恰恰可以显示自己的功绩。还有一些历史学家认为武则天立无字碑，意思是自己一生到底是功还是过，都留给后人去评说。

然而说法归说法，事实真相要凭借实物推断才能得以证实。专家们反复观察研究发现，无字碑的表面布满了4.5厘米大小的细线格子，从上到下84格，从左到右44格，这些线刻格子虽经1300多年的风雨剥蚀，至今仍比较清晰。这些格子绝对不是后来刻上去的。那么，只有一种可能，肯定是拟好碑文后才在碑上刻格子。计算格子的总数，这个碑文有3000多字，足够她写完自己波澜壮阔的一生了。

碑文为何最终没有被刻上去呢？据历史学家推测，武则天生前已经撰写好了碑文，并交给儿子，也就是皇帝李显。虽然武则天之前已经被迫把帝位让给儿子李显，并将国号周恢复为唐，但李显的内心仍对武则天颇有微词，于是并未遵照武则天遗愿，采取了不刻碑文的方式，成就了这块无字碑。

唐朝之后，越来越多的游人开始在这块无字碑上题字，使这块无字碑变成了一块满是文字的"有字碑"。宋、金、元、明、清各朝的正、草、隶、篆、行书刻字布满整个碑面，甚至出现了后刻的文字覆盖着先刻的文字的现象。不同民族的人在上面留下的刻字，成为后来研究这些语言和文字的重要资料。

20

永泰公主墓壁画

自信娇俏的唐朝美女

永泰公主墓位于陕西咸阳乾县北部，1960年至1962年发掘，是中国历史上唯一被冠称为陵的公主墓。永泰公主墓壁画丰富多彩，墓道、过洞、甬道和墓室顶部都有壁画，其中《宫女图》最负盛名。

墓室中的宫女们

永泰公主，名仙蕙，是唐高宗李治和武则天的孙女，唐中宗李显的第七个女儿。她17岁时因私下议论武则天，而被处死在洛阳（也有说因难产去世）。武则天去世后，她的父亲李显继位，把她的坟墓从洛阳迁到了陕西西安的乾陵，与永泰公主的丈夫武延基合葬。

永泰公主的墓室壁画被认为是唐朝墓葬壁画的精品。其中，保存较为完整的，是墓室门前墙上的侍女群像。也许是为了画面的错落美观，画家并没有平均分配人数，而是采取了北7人、南9人的方式，两组人迎面相向而行，使得画面更为灵动雅致。

北侧群像7人，分为两列向南行进，一位看上去年纪比较大的宫女走在前面，其余人手里分别拿着烛台、盒子、酒杯、包裹、扇子，最后一位侍女身着男装，手里拿着盒子。

南侧群像是9人。站在队伍前面的应该是一位年纪较大、资历较深的宫女，她的双手交叉于胸前，缓步徐行，显得沉稳从容、气度不凡。她之后的一位宫女手里捧着白盘子，转身向后，好像在招呼着姐妹们，提醒她们快跟上。接着出场的6名侍女，分成两列，手里分别拿着烛台、食盒、高足杯、团扇、如意、拂尘等物品。走在最后的是一个男侍，手里捧着一个包袱。

其中最引人注目的是中间手持高足杯的少女。她身体呈S形曲线姿势站立，双手柔软自然地端起杯子，头微微地低着，眉眼间溢出了笑意，显得恬静矜持，仿佛对未来有无限美好的想象。她被称为"东方绘画史上的第一美女"。

这些宫女们都穿着唐朝当时最时髦的服装。她们一个个模样俊秀，形态楚楚动人，步伐轻盈文雅。即使是在前去侍奉公主的行进队伍中，也忍不住左顾右盼，与身边的小伙伴窃窃私语，少女的灵动与雀跃仿佛就呈现在我们眼前。

这幅壁画创作于唐朝武则天统治时期，具有武周时期的风格。随着国家的空前统一，民族交融的加强，唐朝经济得到了巨大的恢复和发展，佛教和佛教艺术得到了空前传播。经过将近百年的经营发展，唐朝特有的包容、开放、大气，体现在绘画艺术品中，永泰公主墓壁画正是唐朝雍容典雅、华丽脱俗的艺术气质的体现。

唐朝女子的服饰

通过壁画可以研究唐朝女子的服饰。画中唐朝女子穿着的服装基本上有襦、裙和披帛。襦，有单、复之分，单襦也称作衫，是一种紧身短上衣。裙为束胸、拖地的大幅长裙，裙衫领口

永泰公主墓壁画（局部）
刘静伟　摄

较低。女子的胸部部分袒露在外，穿衣大胆奔放。披帛是一种罩在紧身襦衫外面，披在肩上的丝巾。披帛一般是用轻飘飘的纱罗制作的，比较长的还可以在手臂上绕几圈，再让其自然地垂到地下，走起路来披帛随风飘动，摇曳多姿。

很多唐朝女子还很喜欢穿男装。永泰公主墓室门前东壁的左侧壁画中，第七个宫女就身穿男装。她戴着黑色帽子，身穿翻领长袍，系着腰带，看上去清爽干练。

唐朝与其他国家进行广泛的交流。唐人的眼界和心胸在这样的交流中更加开放、自信。唐朝妇女的社会地位大大提升，出

现了中国历史上唯一的女皇帝。唐朝前期重视对女子的教育，宫中设置女师和女官，教后宫的嫔妃和宫女学习琴棋书画。女子的视野在不断的学习中得以开拓，她们自信向上，积极进取，敢于向世人展示自己的仪态和才能。

从画中走出来的唐朝女子，她们或温婉似水，或精明干练；她们穿着大胆、仪态万千；她们敢于突破禁锢，有所作为。在岁月的长河中，唐朝女子是那个繁华时代中最动人的风景线。

自信娇俏的唐朝美女——永泰公主墓壁画

21

骑骆驼胡人俑

繁忙的丝绸之路

在古代，不同地域和国家的商人要想带着货物穿越无边无际的沙漠，肯定离不开一种古老的交通工具，那就是被誉为"沙漠之舟"的骆驼。特别是在丝绸之路上，一队队往来的商旅，他们牵着身负货物的骆驼，伴随着清脆悦耳的驼铃，向着目的地行进。

丝绸之路上的驼铃声

丝绸之路是我国与东南亚、中亚、南亚以及欧洲的通商大道。丝绸之路从古代中国长安出发，横贯亚洲，连接欧洲和北非，是同西方进行经济、政治、文化、艺术、宗教以及科技等交流和传播的交通线路。不过，它没有统一的名称，直到19世纪70年代，德国地理学家李希霍芬在他写的《中国》中首先使用"丝绸之路"这个充满魅力的名字。从此，"丝绸之路"这个称呼才流传开来，并一直使用。

千百年来，在古老的丝绸之路上，要依赖于素有"沙漠之舟"之称的骆驼来载人、载物。我们仿佛看见，在一望无垠的沙漠中，由远及近，传来一阵阵清脆悦耳的驼铃声，一队又一队的驼队，在商人的牵引下，不畏艰险，冒着严寒，顶着酷暑，穿越漫漫黄沙，长年累月地奔波于这条通道上。伴随着驼铃声声，这些商人满载着精美的丝绸、瓷器，缓缓地向目的地行进。从汉朝开始，中国人习惯将由西方传入中国的东西冠以"胡"字，如胡琴、胡瓜（黄瓜）、胡萝卜等，将来往于丝绸之路的外国人统称

骑骆驼胡人俑
高 83 厘米

为"胡人"。他们为促进各国的友好往来和加速经济文化交流做出了巨大的贡献。

这条连接东西方国家的交通要道，开通于汉代。在魏晋南北朝时期，北方不同政权之间经常发生战争，唯独河西走廊（今甘肃西北部）比较安定，所以外商纷纷在河西走廊进行贸易。

1928年出土于河南洛阳的骑骆驼胡人俑，是反映丝绸之路胡汉交往的历史文物之一。骑骆驼胡人俑描绘了一个深目高鼻、满腮胡子的胡人骑在骆驼上，身穿翻领的胡服，腰束草带，脚穿皮靴，头戴尖头皮帽。他牵着缰绳，腰背挺立。骆驼仰首张口，做嘶叫前进状。人和骆驼都姿态逼真，生动形象。

这件胡人俑正是当时胡人现实生活的写照。特别值得一提的是，骆驼高昂的头，是唐代骆驼胡人俑的一大特点，象征唐朝蓬勃向上的精神风貌。骑骆驼胡人俑造型饱满生动，釉色瑰丽，是艺术效果极佳的三彩精品。

远来的客人

唐朝的丝绸之路已经非常繁荣，总长7000多公里，由东向西可以大致分为三段：东段是中国内地道，从长安出发，经陇西高原、河西走廊、玉门关或阳关；中段又称为中国西域道，自阳关、玉门关以西到帕米尔和天山山脉西端北麓的伊犁河下游一带；西段指帕米尔以西，通常称为中国境外道。

据史料记载，当时丝绸之路上最活跃的是波斯人（今伊朗人）和阿拉伯人。他们沿着繁荣的丝绸之路，源源不断地来到中

国从商，仅长安的波斯和阿拉伯商人就有10多万。亚洲、欧洲、非洲的许多国家的商人也跨越万水千山的阻隔，沿着丝绸之路来到了大唐。

外商成为当时唐都长安的一道美丽风景线。在长安，随处可见来自世界各地的人，有身材比较矮小的日本人、粗犷的突厥人、高鼻子蓝眼睛的波斯人、头发卷曲的吐蕃人。他们说着各种语调的语言，摆出各种不同的手势。据史料统计，当时在唐朝做官的外国人就有3000多人，有的外国人还成为著名的文学家、音乐家、美术家和天文学家。唐朝时期各地区、各民族之间的交往达到一种前所未有的盛况。

长安城随处可见的外国人的文化在这里碰撞融合，唐朝人的服饰、绘画、舞蹈、音乐、宗教、出行、饮食、运动，或多或少都受到影响，如当时长安最流行的打马球运动，就是从波斯国传入中国的。

唐人通过古老的丝绸之路走向世界，让世界了解中国，学习中国；唐朝也吸收来自其他国家和地区的优秀文化，进一步促进自身的繁荣。

22

凄美薄命的杨贵妃

鎏金银香囊

香囊，又名香袋、花囊、荷包，心灵手巧的女子喜欢绣制香囊，赠予心上人，用来表达爱慕之情。在中国国家博物馆，有一件造型精巧的金属香囊——鎏金银香囊。这件精美的香囊承载着一段美人和帝王的爱情故事。

天生丽质的杨玉环

鎏金银香囊，1963年出土于陕西省西安市东南郊沙坡村窖藏。香囊外壳通体透雕花鸟纹饰，不仅美观，而且香气容易通过这些镂空散发出来。香囊上有链条，上部有弯钩，这样既方便佩戴在身上，也可以悬挂于室内帐中。香囊制作精巧，无论香囊如何滚动，里面的香盂都可以保持水平状态，香料不会倾撒。香囊的主人就是被称为中国古代四大美女之一的杨玉环。

杨玉环10岁时，父亲去世，之后生活在洛阳叔叔家。杨玉环天生丽质，加上优越的教育环境，使她具备一定的文化修养，对音乐、舞蹈造诣很深，特别擅长弹奏琵琶，有着很高的艺术天赋。

734年，唐玄宗的女儿咸宜公主在洛阳举行婚礼，杨玉环应邀参加。咸宜公主的弟弟寿王李瑁被杨玉环的美貌吸引，对她一见钟情。后来，唐玄宗出面做主，寿王李瑁娶杨玉环为妻，立为王妃。李瑁非常宠爱年轻美丽的妻子，杨玉环喜爱乐舞，寿王便专门请王府中的著名乐工教她学习。杨玉环的风姿与温婉也赢得

鎏金银香囊

高5.1厘米

口径4.8厘米

了公公唐玄宗和婆婆武惠妃的欢心。

武惠妃于737年暴病身亡，唐玄宗伤感不已。唐玄宗身边一个叫高力士的太监告诉唐玄宗，杨玉环不仅长得漂亮，而且在许多地方和武惠妃都很相似，唐玄宗那极度空虚的心好像一下子复活了。但唐玄宗在心中也有顾虑，毕竟杨玉环是自己的儿媳，这是有违人伦道德的，所以，迟迟没有答应。

740年，唐玄宗带着文武百官来到骊山的温泉宫。随后，就派人到寿王府中将杨玉环接到骊山，下令让她出家为女道士，为自己的母亲窦德妃祈福，赐道号太真。

745年，唐玄宗给寿王李瑁迎娶了新的王妃。在时机成熟后，唐玄宗将杨玉环接到宫中，正式册封为贵妃。杨玉环入宫后，遵守宫中制度，不过问朝廷政治，不插手权力之争，以自己的妖媚温顺及过人的音乐才华，得到了唐玄宗的百般宠爱。

深得圣宠，红颜薄命

有了杨贵妃的陪伴，唐玄宗纵情享乐，过着异常奢侈豪华的生活。他们吃一顿饭，山珍海味总要有几十种，一盘菜的价钱，等于十户中等人家的产业。专门给贵妃制作衣料的丝织匠和绣花匠，就有七百多人。

杨贵妃想要什么东西，唐玄宗一声令下，就得想尽一切办法弄来。有一年夏初，杨贵妃忽然想吃鲜荔枝。荔枝产在岭南（今两广地区），离长安几千里，那时候最快的运输工具是马。这命令一传下去，地方官员就派出最善于骑马的人，骑上最快的马，

从生产地带着荔枝，一站一站地换人换马，接力传送。鲜荔枝很快被送到了长安皇宫里面。至于浪费了多少钱财，累坏了多少人，跑坏了多少马，唐玄宗自然不关心。

唐玄宗把杨贵妃的三个姐姐，分别封为韩国夫人、秦国夫人、虢国夫人，对她们十分宠爱，准许她们可以自由出入皇宫。公主在她们面前也不敢坐。杨家的势力压倒了满朝官员。凡是杨氏兄弟姐妹要办的事情，官员们不敢说半个不字。那些想升官的人，都争先恐后地给杨家送礼。送礼必须五家（杨贵妃的两个哥哥和三个姐姐）一起送，多少都一样，不许有轻有重。唐玄宗给赏赐，也是五家一起赏，赏得一样多。

在众多亲戚中，杨贵妃的堂兄杨国忠最受唐玄宗的重视。杨国忠本人没有太大的本事，靠着杨贵妃的关系，官越做越大，最后做到宰相。朝廷在杨国忠的把持下，官吏贪污横行，政治腐败，老百姓怨声载道。再加上他和安禄山之间的矛盾越来越严重，终于在755年，安禄山发动了以讨伐杨国忠为名，企图夺取皇位的叛乱，史称安史之乱。

756年6月，唐玄宗听取杨国忠的建议，决定逃往四川避难。当走到马嵬驿（今陕西兴平市）时，将士们又累又饿，加上天气炎热，将士们拒绝继续前进。愤怒的将士们认为这场叛乱全是由杨国忠引起的，在乱刀杀死杨国忠后，又逼着唐玄宗将杨贵妃杀死。

此时的唐玄宗，为了能够得到将士们的支持，在太监高力士的劝说下，将杨贵妃勒死，并将她草草埋葬。这个大唐最美丽的女人，香消玉殒在荒凉的马嵬坡上。

23

写字最『潦草』的和尚

怀素《苦笋帖》

《苦笋帖》是怀素和尚给友人写的一张小便签，这张仅有14个汉字的小便签却能流传千年，被书法家奉为经典的传世佳作。这幅书法字圆锋正，精练流逸。草草十几个字，虽是信手挥毫，但字里行间却有走蛇舞龙的变化之美，每一笔都是怀素和尚深厚功力的体现。

书法艺术

书法是古老而高雅的艺术。汉字方方正正，只是针对楷书而言。事实上，汉字可以写出很多形状，我们也给这些不同形状的字体分门别类地起名，比如隶书、楷书、行书等。汉字是世界上流传时间最久远的文字，从甲骨文到简体汉字，历经四千多年。在这四千多年里，我们智慧而富有创造精神的祖先从书写中发现了汉字的美，于是在字形上进行艺术创造，从而形成了一门雅俗共赏的艺术——书法。

其他文字也有书法，比如阿拉伯文书法、英文书法等，但是没有一种文字的书法能从历史、形式、流传范围上与汉字书法相提并论。汉字书法艺术流传时间长久、形式多样，传播范围广。汉字书法不仅在中国流行，在日本、韩国、东南亚以及美国也很普遍，这充分说明了汉字的无穷魅力。

汉字在不同历史时期有不同的发展，从而形成今天形式多

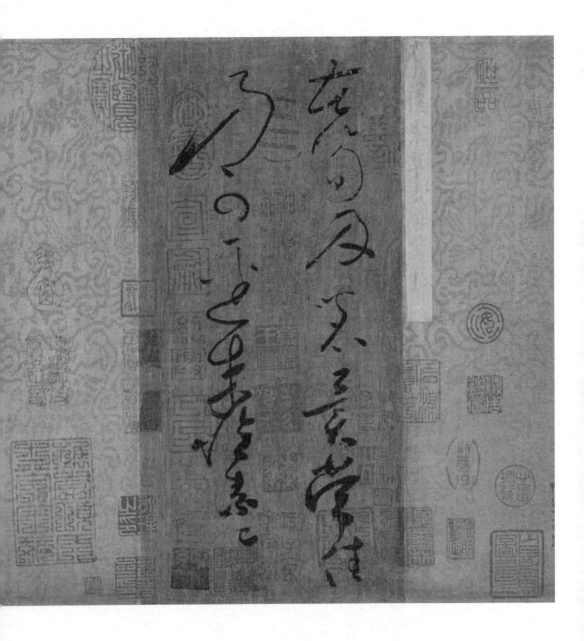

怀素《苦笋帖》

纵 25.1 厘米

横 12 厘米

样的书法艺术。其中有一种书法，乍一看都不像是汉字，东倒西歪、七零八落，即使仔细辨认，似乎整篇作品也没有一个字有完整的笔画。但是，这些汉字却非常协调美观，这种书法就是草书。

草书在汉代已经出现，是为了提高书写速度发展起来的。到了唐代，出现了狂草书法，它把草书发展到一个新的艺术境界。

字字含功力的《苦笋帖》

怀素和尚生活于唐玄宗时期，让他名扬天下的不是佛法，而是他的书法。他留下来的每一幅字帖都是中华文化的瑰宝，价值连城。其中，收藏在上海博物馆的《苦笋帖》是他的代表作之一。这幅字帖被誉为"中国书林茶界之瑰宝"。

《苦笋帖》仅有两行14个字，内容为：苦笋及茗异常佳，乃可径来，怀素上。这是怀素给朋友写的一封信，甚至可以说连信都不算，只是一张字条。这14个字清秀俊健、舒畅自然，是作者不假思索、一气呵成的艺术佳作，体现了怀素和尚的真性情，也体现了他深厚的书法功底。

勤学多思的小怀素

怀素和尚出生在湖南永州的一个官宦之家，俗姓钱。爷爷钱徽做过县令，父亲钱强做过左卫长史（唐代的下级军官），他的叔叔钱起还是当时有名的诗人。但是，人各有志，锦衣玉食并不

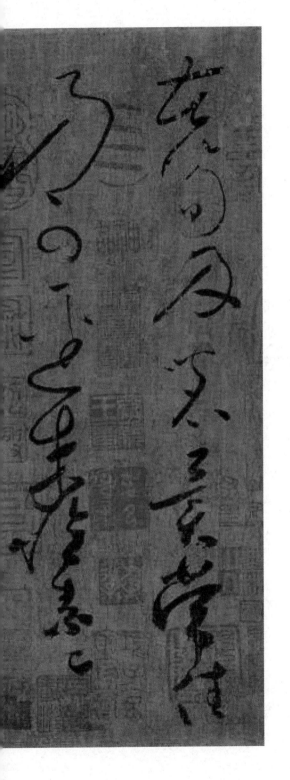

是他的追求，他有更奇妙的想法。当长辈问小怀素长大后的理想时，他毫不犹豫地做了个震惊四座的回答：我要当和尚，当出家人，无拘无束、自由自在，潜修佛学与书法。

10岁那年，怀素不顾父亲的勃然大怒、母亲的低声悲泣，毅然辞别父母，走进一个名为"书堂寺"的小寺庙里落发为僧，取法号怀素，后来转到零陵（今湖南永州）的高山寺。

进入寺庙之后，在念经习佛之余，怀素最大的兴趣就是练习书法。在寺庙里，怀素只是一个小和尚，没有地位，也没有资历，当然也就没有任何经济来源，生活非常清贫。练字需要材料，至少需要笔和纸，但小怀素什么都没有，只能自己想办法。笔容易解决，找些兔毛、猪毛可以制作笔头，插到小竹管上，一支毛笔就成了。纸怎么办呢？唐代的纸都是手工制作，成本高，价格贵，普通人都难以买得起，何况怀素只是一个身无分文的小和尚。但办法总是有的。怀素想出一个妙招，先找来一块木板，把它打磨平滑，然后涂上白漆，一块练字板就制作成了。每天，怀素都废寝忘食地在这块练字板上练习写字，白漆被写掉了，又重新涂上。这样日积月累，反反复复，练字板上竟然被他用毛笔写出一条条深深的印痕。

随着怀素书法水平的提高，这块小练字板越来越不够用了。写完下次再用，还得去洗掉，花去了很多宝贵时间，而且把以前写过的字迹洗掉也不利于自己总结经验。于是怀素又想出了一个好办法。

怀素所在的高山寺附近有一块荒地，他在荒地上种了很多棵芭蕉树。等芭蕉树长大，芭蕉叶长得又长又大时，怀素就把芭蕉叶摘下来，当作练习书法的纸张。怀素刻苦勤奋地练字，芭蕉叶生长的速度都赶不上他练字的需要。很快，成熟的芭蕉叶就被他写完了。没长成熟的芭蕉叶太小，摘了可惜，于是怀素就带着笔墨来到芭蕉林里，就着芭蕉树练字。夏天，烈日煎烤着大地，怀素大汗淋漓，但是他始终只专注于笔尖；冬天，冰寒刺骨，怀素的手被冻得开裂了，但他只关心每一笔、每一字。这就是著名的"芭蕉练字"。

不断超越自我的书法家

一切优秀成果都是在继承前人的基础上取得的，书法也不例外。怀素开始不明白这个道理，只是埋头苦练，所以书法一直没有得到突破。后来他渐渐明白，没有前辈的指引，他很难取得进一步的突破。为了提高自己，怀素在20岁左右时四处寻师访友，向所有可以学习的能人拜师学习。而很多诗人、书法家都愿意和这个谦虚执着、好学上进的年轻人交朋友，比如唐朝最著名的两

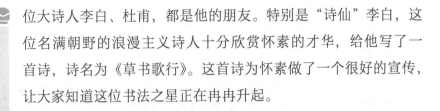

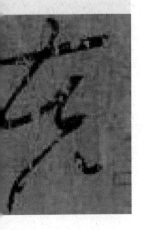

国宝小档案

我的名字：怀素《苦笋帖》。

我的特征：《苦笋帖》是怀素"狂草"代表作之一，用笔圆劲有力，字体潇洒自然，如行云流水，流畅舒展，整幅字帖狂而不怒，草而不乱，每一笔、每一画都相得益彰，浑然一体。

我在哪里：上海博物馆。

我能告诉你：《苦笋帖》是书法珍品，对后世的书法研究影响非常深远。

位大诗人李白、杜甫，都是他的朋友。特别是"诗仙"李白，这位名满朝野的浪漫主义诗人十分欣赏怀素的才华，给他写了一首诗，诗名为《草书歌行》。这首诗为怀素做了一个很好的宣传，让大家知道这位书法之星正在冉冉升起。

后来，怀素向大书法家颜真卿学习，颜真卿看着求知若渴、坦率真诚的怀素，毫不吝啬地把书法技巧都教给了他，怀素的书法技艺因此而更上一层楼。

怀素不仅仅善于向他人学习，还十分善于观察。当时，有一名舞剑家叫公孙大娘，她的剑器舞潇洒飘逸，举世闻名，许多文人雅士都以能够见到公孙大娘舞剑为荣。怀素也慕名观看。在观看了公孙大娘的剑舞之后，怀素在惊叹她出神入化的高超技艺之余，深受启发。他把剑舞中的飘逸从容、刚柔并济融入自己的书法作品之中，落笔轻重随心、快慢随意，逐渐形成了自己的风格。

怀素和尚喜欢喝酒，喝了酒之后就挥毫写字，在这种忘我境界下写出了大量优秀的"狂草"作品。后人把怀素和比他早几十年的、人称"草圣"的张旭并列，并称为"颠张狂素"，说明怀素也是书法一圣。

唐蕃会盟碑

舅舅外甥情意浓

唐蕃会盟碑立于拉萨大昭寺门前。823年，双方政府命人将唐朝和吐蕃友好结盟的盟誓用汉藏两种文字篆刻在碑石上，立于大昭寺前，昭告世人大唐与吐蕃永不相犯。唐蕃会盟之后，汉藏之间的敌对战争逐渐减少，双方往来不绝，共同创造出灿烂的中华文明。唐蕃会盟碑见证了汉藏两族人民的友好，象征着中华民族的大团结。

汉藏情谊深

在西藏拉萨的大昭寺正门右侧，有一块很不起眼的石碑，碑文已与岁月的痕迹融为一体。但是，这不是一块平凡的石碑，它承载着非凡的历史，见证着汉藏之间伟大的友谊。

隋唐时期，中原把藏族政权称为吐蕃。7世纪初，松赞干布用他的才智与英勇统一了吐蕃各部，并把都城迁到地势险要、风景秀丽的逻些（今拉萨）。松赞干布励精图治，吐蕃越来越强大，统治范围也不断扩大，疆域逐渐与唐朝接壤。

松赞干布不仅拥有雄才大略，而且富有政治远见。一方面，为了发展藏族文化，他派人到天竺求学，创造出本民族的文字（现印在人民币上的五种文字之一）；另一方面，他加强与唐朝

唐蕃会盟碑（局部）
高342厘米
宽82厘米
厚38厘米

的经济文化交流。通过使节与唐朝的接触，唐朝的繁荣与强盛使松赞干布兴奋不已，渴望与唐朝有更加亲密的关系，于是多次派使节到唐朝求婚，最终迎娶了文成公主。

704年，赤德祖赞（也翻译为尺带珠丹）继任赞普后，也多次向唐朝请求联姻，唐中宗把金城公主嫁给了他。

关于藏汉之间的甥舅关系，藏族文献中记载着这样一个有趣的故事。金城公主嫁给赤德祖赞赞普后，很快就怀孕了。王妃那囊氏一直没有子女，担心自己地位不保，于是谎称自己也怀孕了，并用了各种方法来掩盖自己的谎言。终于，金城公主生下一个健康可爱的小男孩，但马上就被那囊氏抱走了，并坚称孩子是她的。为此，金城公主和那囊氏发生争执，势不两立。

到王子生日宴的时候，赤德祖赞赞普将那囊家的人和来自内地的汉族亲友都请来了，并对双方亲友说："今天就让孩子自己认舅舅吧！"赞普接着亲了亲小王子，说："孩子，要想得到真正的母亲，就得先认出真正的舅舅。去吧，把这杯酒敬给你的舅舅。"说着就往小王子的手里放了一盏斟满美酒的酒杯。王子举起酒杯斜视着那囊氏的亲友们，说："我赤松德赞是汉家的好外甥！"说着把酒杯送到汉族亲友手中，投入汉族舅舅的怀抱。金城公主高兴得泪流满面，她把王子紧紧抱在怀里，叫着："孩子！孩子！我的孩子！"

这个汉族的外甥就是吐蕃王朝继松赞干布后的第五位赞普——赤松德赞。在《旧唐书》上就有记载赤松德赞给唐玄宗李隆基的奏章，里面写道："……外甥是先皇帝的舅宿亲，又蒙降金城公主，遂和同为一家，天下百姓，普皆安乐。"

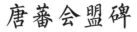

唐蕃会盟碑

后来，吐蕃和唐朝因为领土争端而冲突不断，根据不同时期的实力消长，双方互有攻守。但是联系汉藏两个民族的主流还是贸易与文化交流。为了构建和平，谋求共同发展，从706年到822年的一百多年间，吐蕃与唐朝一共进行了8次会盟。其中意义最为深远的是第八次会盟。

821年，在了解唐朝的意愿后，松赞干布后的第八代赞普赤热巴巾赞派使臣纳罗到唐朝请求和盟。当年10月10日，纳罗与唐朝14名大臣和盟于长安西郊的王会寺。双方商定不再作战，和平共处，东为大唐，西为大蕃。当时唐穆宗年号为长庆，所以又叫长庆和盟，也叫甥舅会盟。

823年立唐蕃会盟碑，以表达双方的诚意与决心。这次一共树立了三块石碑记载盟文：一块在长安的唐皇宫前，已不复存在；另一块立在青海日月山上，在岁月的侵蚀下，因为护理不善，石碑已残缺不全；第三块盟碑立在大昭寺前门，见证了汉藏悠久的情谊。

唐蕃会盟碑立于一只巨大的石龟背上，以表达汉藏间的友谊万年长青。碑文用汉藏两种文字刻成。碑文记载着吐蕃与唐朝交往的重大事件，包括文成公主和金城公主入藏，强调和平与交流给双方百姓带来的福祉，表达了汉藏之间历史悠久的亲密情谊。虽然历经一千多年的风风雨雨，会盟碑依然在大昭寺门前挺拔矗立着。

陆羽瓷像

品茶悟道明人生

中国茶文化的奠基者是陆羽，他被尊为"茶圣"。在中国国家博物馆里珍藏着一尊五代时期的白瓷陆羽塑像。瓷像中的陆羽上身穿着交领长衣，下身穿着裳（裳是裙子），头戴高冠，双手捧着一卷展开的书卷，交腿趺坐，仪态端庄。陆羽瓷像代表着一个时代的茶文化。

茶的缘起

中国是最早发现和栽培茶树的国家，是茶的祖国。

传说，茶是由神农氏发现并教人栽种的。神农氏上山采药，当他尝了72种草药后，草药的药性令他口干舌燥、浑身不适，于是就坐在树下休息。正在这时，几片树叶飘落在他身边，他捡起树叶放入口中咀嚼，令他感到惊奇的是，身体很快舒畅起来，不仅神清气爽，而且口中还长时间留有沁人心脾的清香。神农氏就把这种树叶的功效告诉大家，并把它称为茶树。自此，茶在人间流传开来。

刚开始的时候，人们只是把茶当成一种草药。后来人们慢慢发现这种"草药"药性温和，能够生津止渴、消暑提神，而且没有副作用。到汉朝时，茶成为日常高档饮品，主要在达官贵人间流传。

茶在中国有着悠久的历史。古人在种茶、采茶、煮茶、品茶中，通过实践与思考，慢慢形成了一种古老而独特的中国茶文化。陆羽把茶文化整理成书并发扬光大，这本书就是举世闻名的茶道专著——《茶经》。

陆羽瓷像
高8厘米

少年多磨难

据史书记载，在733年（唐玄宗时期）深秋的某个清晨，复州竟陵龙盖寺的智积禅师路过西郊的一条小河，忽然听到从河边芦苇丛中传来大雁的哀鸣，走近一看，一个小男孩躺在芦苇丛里奄奄一息，三只大雁正用翅膀保护着他。禅师赶忙把这个被寒霜冻得瑟瑟发抖的小男孩抱回寺中。后来，人们为了纪念陆羽，就在大雁护卫男孩处修了一座桥，取名雁桥。至今还有雁桥的遗迹。

智积禅师喜欢喝茶，自己煮得一手好茶。陆羽在学习之余，每天给禅师打水烧火，对茶道耳濡目染，这为他后来对茶的研究打下了基础。陆羽逐渐长大，智积禅师认为陆羽应该在寺庙里吃斋念佛、潜修佛法，为成为一名高僧而努力。陆羽却说："我想学诗文书法。"禅师一听火冒三丈，惩罚他去做又脏又累的活。但这些都不能压倒陆羽的志向，反而激发了他的求知欲。没有纸张写字，他就用竹子在牛背上练习写字，偶然捡到一些书籍，他就废寝忘食地阅读。禅师担心他离佛法越来越远，于是把他关了起来，吩咐年纪大一点的和尚看管他，不准他走出寺庙。一直被关到12岁，陆羽趁人不备，终于逃出了龙盖寺。

勤学成茶圣

走出寺庙的陆羽举目无亲，也没有一技之长。为了生活，他加入了一个戏班子。古代把以表演为生的人称为优伶，俗称戏子，地位非常低。陆羽虽然其貌不扬，而且口吃，但他却毫

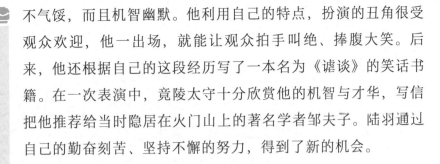

不气馁, 而且机智幽默。他利用自己的特点, 扮演的丑角很受观众欢迎, 他一出场, 就能让观众拍手叫绝、捧腹大笑。后来, 他还根据自己的这段经历写了一本名为《谑谈》的笑话书籍。在一次表演中, 竟陵太守十分欣赏他的机智与才华, 写信把他推荐给当时隐居在火门山上的著名学者邹夫子。陆羽通过自己的勤奋刻苦、坚持不懈的努力, 得到了新的机会。

陆羽十分珍惜这个学习机会, 埋头苦读, 努力钻研, 一转眼就是6年。为了增长学问、开阔视野, 20岁的陆羽拜别恩师, 与好友一起出游。遍览大川、登访名山, 品茶论诗, 遇到不平事, 敢于仗义执言。

唐朝已经开始衰落, 陆羽对政治很失望, 于是把注意力集中于对茶的研究。随着知识的增长和阅历的丰富, 陆羽已经不把茶当成一门技术来看待, 而是把它当成蕴含着无穷知识与智慧的学问。经过几十年的研究, 写出举世闻名的《茶经》, 终于成为"茶圣"。

五代时期, 茶在民间更为盛行。因为在茶文化上的突出成就和贡献, 陆羽被尊为"茶神"。茶商烧制陆羽瓷像来供奉, 并慢慢成为风俗。当客户购买茶叶达到一定数量时, 茶商还把陆羽瓷像赠送给顾客。当生意兴隆时, 茶商拿出上好的茶来供奉"茶神"; 如果生意萧条时, 茶商就用开水来浇灌"茶神"。这样的滋味肯定不好受。

陆羽能成为"茶圣", 说明唐代喝茶不仅是一种风尚, 而且是一种高雅的文化。茶, 沿着茶马古道, 沿着丝绸之路, 逐渐传遍了中国, 走向世界。